Lehr- und Handbücher zu Sprachen und Kulturen

Herausgegeben von José Vera Morales und Martin M. Weigert

Bisher erschienene Werke:

Arabisch
Waldmann, Wirtschaftswörterbuch Arabisch-Deutsch · Deutsch-Arabisch

Chinesisch
Kuhn · Ning · Hongxia Shi, Markt China. Grundwissen zur erfolgreichen Marktöffnung
Liu · Siebenhandl, Einführung in die chinesische Wirtschaftssprache
Zürl · Jinmei Huang, Wirtschaftshandbuch China

Englisch
Ehnes · Labriola · Schiffer, Politisches Wörterbuch zum Regierungssystem der USA · Englisch-Deutsch, Deutsch-Englisch, 3. Auflage
Fink, Wirtschaftssprache Englisch – Zweisprachiges Übersetzer-Kompendium
Fink, EconoTerms. A Glossary of Economic Terms, 6. Auflage
Fink, EconoTexts I, 3. Auflage
Fink, EconoTexts II, 2. Auflage
Guess, Professional English, 5. Auflage
Königs, Übersetzen Englisch – Deutsch, 2. Aufl.
O'Neal, Banking and Financial English, 2. Aufl.
O'Riordan · Lehniger, Business 21 – Modernes Wirtschaftsenglisch kompakt
Pawelzik, Communication in Business
Schäfer · Galster · Rupp, Wirtschaftsenglisch, 11. Auflage
Wheaton · Schrott, Total Quality Management
Zürl, English Training: Confidence in Dealing with Conferences, Discussions, and Speeches

Französisch
Jöckel, Training Wirtschaftsfranzösisch, 3. Aufl.
Lavric · Pichler, Wirtschaftsfranzösisch fehlerfrei – le français économique sans fautes, 3. Auflage

Italienisch
Haring, Wirtschaftsitalienisch, 2. Auflage
Macedonia, Italienisch für Alle
Macedonia, Wirtschaftsitalienisch, 3. Auflage
Macedonia, Wirtschaftsitalienisch – Übungsbuch
Macedonia, Made in Italy

Polnisch
Milińska, Übersetzungskurs Polnisch-Deutsch und Deutsch-Polnisch

Russisch
Baumgart · Jänecke, Rußlandknigge, 3. Auflage
Fijas · Tjulnina, Wirtschaftsrussisch – Wörterbuch Band I: Deutsch-Russisch
Fijas · Tjulnina, Wirtschaftsrussisch – Wörterbuch Band II: Russisch-Deutsch
Jänecke · Klemm, Verkehrslexikon, Deutsch-Russisch · Russisch-Deutsch
Rathmayr · Dobrušina, Texte schreiben und präsentieren auf Russisch
Saprykina · Pribyl, Wirtschaftsrussisch

Spanisch
Jöckel, Wirtschaftsspanisch – Einführung
Padilla Gálvez, Wirtschaftsspanisch-Wörterbuch Spanisch-Deutsch · Deutsch-Spanisch
Padilla Gálvez, Wirtschaftsspanisch-Lexikon Spanisch-Deutsch · Deutsch-Spanisch
Padilla Gálvez · Figueroa de Wachter, Wirtschaftsspanisch: Textproduktion
Padilla Gálvez, Wirtschaftsspanisch: Marketing
Schnitzer · Martí, Wirtschaftsspanisch – Terminologisches Handbuch, 4. Auflage
Schnitzer u. a., Übungsbuch zu Wirtschaftsspanisch, 2. Auflage
Vera-Morales, Spanische Grammatik, 4. Auflage
Weitzdörfer, Spanisch heute, 2. Auflage

Tschechisch
Schmidt, Deutsch-tschechisches Wörterbuch der Betriebswirtschaftslehre

Spanisch heute

Lehrwerk der spanischen Sprache in einem Band für Lernende ohne Vorkenntnisse

Von

Prof. Dr. Ewald Weitzdörfer

2.,verbesserte Auflage

R. Oldenbourg Verlag München Wien

Bibliografische Information Der Deutschen Bibliothek

Die Deutsche Bibliothek verzeichnet diese Publikation in der Deutschen Nationalbibliografie; detaillierte bibliografische Daten sind im Internet über <http://dnb.ddb.de> abrufbar.

Rosenheimer Straße 145, D-81671 München
Telefon: (089) 45051-0
www.oldenbourg.de

Gedruckt auf säure- und chlorfreiem Papier
Fotos: Ewald Weitzdörfer
Illustration und Redaktion: Edeltraud Weitzdörfer
Gesamtherstellung: Druckhaus „Thomas Müntzer" GmbH, Bad Langensalza

ISBN 3-486-57795-6

VORWORT

Das vorliegende Lehrwerk richtet sich an Lernende ohne Vorkenntnisse, die in kurzer Zeit die Grundlagen der spanischen Sprache erlernen wollen. Daher ist die grammatische Progression entsprechend steil.

Die Texte vermitteln einen Grundwortschatz aus den verschiedenen Situationen des Alltagslebens; zum Teil werden sie von einem kleinen Erweiterungswortschatz im Anschluss an den jeweiligen Text ergänzt.

Außerdem wollen die Lektionstexte eine Grundlage der Landeskunde sein, indem sie verschiedene Gegenden Spaniens, spanisches Brauchtum und das typisch spanische Leben vorstellen. Dabei wird bewusst auf Klischees wie Stierkampf und Flamenco verzichtet. Lateinamerika muss aufgrund der Kürze des Lehrbuches lediglich eine Randerscheinung bleiben.

Die Anwendung der Grammatik im Übungsteil berücksichtigt sowohl einsprachige Transferübungen als auch den Sprachvergleich im Rahmen von Übersetzungen. Bei der Anlage der Übungen wird auf die permanente Wiederholung schwieriger Phänomene oder besonders wichtiger Elemente Wert gelegt (z.B. Zahlen).

Vom gesteckten Ziel der kurzen Spracherlernzeit geleitet, geht die Methodik des Buches eher traditionelle Wege, wobei jedoch immer auf den kommunikativen Aspekt der Sprache Wert gelegt wird.

Zum Schluss möchte ich den Kollegen der Universidad de Los Lagos in Osorno (Chile), allen voran Professor Eduardo Barraza, für ihre Ratschläge danken, aber auch den Lehrbeauftragten an der FH Kempten, Frau Ana Fernández, Frau Carmen Luz Arrascue de Köpff, Frau Graziella O'Neill und Herrn Erhard Tröster für die Durchsicht des Manuskripts und ihre wertvollen Anregungen.

Las Cascadas (Chile) und Kempten

INHALTSVERZEICHNIS

Verwendete Abkürzungen

Adj	Adjektiv	*med*	medizinisch
Adv	Adverb	*Nom*	Nominativ
Akk	Akkusativ	*Pl (pl)*	Plural
engl	Englisch	*Präp*	Präposition
f	feminin	*Rel Pron*	Relativpronomen
Imp	Imperativ	*Sing*	Singular
Ind	Indikativ	*span*	spanisch
Inf	Infinitiv	*subj*	subjuntivo
Konj	Konjunktion	*Subst*	Substantiv
m	maskulin	*wörtl*	wörtlich

Die wichtigsten grammatikalischen Ausdrücke (deutsch – spanisch)

Adjektiv	adjetivo, *m*
Adverb	adverbio, *m*
Akkusativ	acusativo, *m*
Aktiv	voz activa, *f*
Artikel	artículo, *m*
Bedingungssatz	proposición condicional, *f*
bestimmter Artikel	artículo definido, *m*
betonte Silbe	sílaba tónica, *f*
Dativ	dativo, *m*
Deklination	declinación, *f*
deklinieren	declinar
Demonstrativpronomen	pronombre demostrativo, *m*
Diphtong (Doppelvokal)	diptongo, *m*
Eigenname	nombre propio, *m*
feminin	feminino
Fragepronomen	pronombre interrogativo, *m*
Futur I	futuro imperfecto, *m*
Futur II	futuro perfecto, *m*
Genitiv	genitivo, *m*
Gerundium	gerundio, *m*
Grundzahl	número cardinal, *m*
Hauptsatz	oración principal, *f*
Imperativ	imperativo, *m*
Imperfekt (Präteritum) (1. Vergangenheit)	imperfecto, *m* / pretérito indefinido, *m*
Indikativ	indicativo, *m*
Infinitiv	infinitivo, *m*
Komparativ	comparativo, *m*
Konditional I	condicional simple, *m*
Konditional II	condicional compuesto, *m*
Konjugation	conjugación, *f*
konjugieren	conjugar
Konjunktiv	subjuntivo, *m*
Konjunkton	conjunción, *f*
Konsonant	consonante, *f*
maskulin	masculino
Nachsilbe	sufijo, *m*
Nebensatz	oración subordinada, *f*
neutrum	neutro
Nominativ	nominativo, *m*
Objekt	complemento, *m*
Ordnungszahl	número ordinal, *m*
Partizip	participio, *m*
Passiv	voz pasiva, *f*
Perfekt	pretérito perfecto, *m*
Personalpronomen	pronombre personal, *m*
Plural	plural, *m*
Plusquamperfekt (Vorvergangenheit)	pluscuamperfecto, *m*
Possessivpronomen	pronombre posesivo, *m*
Prädikat	predicado, *m*
Präposition	preposición, *f*
Präsens	presente, *m*
Pronomen	pronombre, *m*
Reflexives Verb	verbo reflexivo, *m*
Reflexivpronomen	pronombre reflexivo, *m*
Relativsatz	oración relativa, *f*
Silbe	sílaba, *f*
Singular	singular, *m*
Steigerung	comparación, *f*
Subjekt	sujeto, *m*
Substantiv	sustantivo, *m*
Superlativ	superlativo, *m*
unbestimmter Artikel	artículo indefinido, *m*
Verb	verbo, *m*
Verneinung	negación, *f*
Vokal	vocal, *f*
Vorsilbe	prefijo, *m*
Zahlwort	(adjetivo) numeral, *m*

1

1 El desayuno

María y Manuel entran en el bar de la universidad. Son de Alemania. Estudian turismo en la universidad de Kempten. Son alumnos de intercambio. Toman asiento en un taburete.

El barman: ¿Qué desean Vds.?
Manuel: Yo tomo un café con leche y una ensaimada.
El barman: ¿Y Vd.?
María: Yo tomo un té con limón y un bollo.

El barman coloca las bebidas y la bollería en la barra.

Manuel: ¿Tomas azúcar?
María: Sí, pero poco.
Manuel: Mira, ahora entra Marta.
María: ¡Hola Marta! ¿Qué tal?
Marta: Muy bien ¿y vosotros?
Manuel: Bien, gracias.
Marta: ¿Desayunáis siempre aquí?
María: Sí, desayunamos siempre en el bar de la universidad.

Manuel y María desean pagar.

Manuel: ¿Me cobra, por favor?
El barman: Son tres euros.

Manuel paga y los tres buscan la sala para la clase de turismo.

1

Grammatik

1. Das spanische Alphabet

A a	B b	C c	CH ch	D d	E e	F f	G g	H h	I i	J j
a	be	θe	tʃe	de	e	'efe	xe	'atʃe	i	'xota
K k	L l	Ll ll	M m	N n	Ñ ñ	O o	P p	Q q	R r	
ka	'ele	'eλe	'eme	'ene	'eɲe	o	pe	ku	'ere	
S s	T t	U u	V v	W w	X x	Y y	Z z			
'ese	te	u	span.: 'ube am.: be	span.:'ube 'doble am.: 'doble be	'ekis	i 'griega	'θeta			

2. Schrift und Aussprache

1. Alle Vokale werden kurz und offen ausgesprochen.

2. Die **p-, t-, k-**Laute werden ohne den im Deutschen und Englischen üblichen h-Nachlaut gesprochen.
   sp.:*toman* dt.: *Tür und Tor*

3. **b** und **v** klingen völlig gleich. Beide Lippen berühren sich bei der Bildung dieses Lautes. Am Wortanfang wird er stärker als im Wortinneren gesprochen.
   Barcelona *Valencia*
   cobrar *universidad*

4. **s** wird gebildet, ausgehend vom deutschen stimmlosen s, durch Abbiegen der Zungenspitze nach unten in Richtung auf einen deutschen sch-Laut.

5. **r** ist ein gerolltes Zungen - r; bei rr - Schreibung und nach n oder l und am Wortanfang wird es doppelt lang gesprochen.

6. **ch** wird wie deutsches tsch gesprochen.

7. **y** wird wie i gesprochen.

8. **ll** ist im Spanischen ein eigener Buchstabe und wird wie deutsch lj oder in der Umgangssprache nur als j gesprochen.

9. **c** vor e oder i und **z** werden wie ein englisches stimmloses th gesprochen.

10. **c** vor a, o, u und **qu** vor e und i werden wie k gesprochen.
    (siehe Nr. 2)

11. **h** ist immer stumm.

12. **d** und **g** vor a, o, u sind weicher als die entsprechenden deutschen Laute zu sprechen.

13. **ñ** wird nj gesprochen.

14. **Groß- und Kleinschreibung:** Nur Eigennamen (auch Länder- und Städtenamen etc.) werden groß geschrieben.

3. Betonung

- Bezüglich der Betonung gibt es zwei Gruppen von Wörtern:

Wörter, die auf **Vokal, n** oder **s** enden, betonen die **vorletzte** Silbe. *taburete* *alumnos*	Wörter, die auf **Konsonant, außer n** oder **s** enden, betonen die **letzte** Silbe. *universidad*

- Silben werden von einem Vokal und den umliegenden Konsonanten gebildet. Diphtonge (Doppelvokale) entstehen beim Zusammentreffen von zwei schwachen oder einem schwachen und einem starken Vokal.

Starke Vokale:	a, o, e	*a – sien – to*
Schwache Vokale:	i, u	*es – tu - dian*

- Der graphische Akzent verändert nicht wie im Französischen die Aussprache eines Vokals, seine Bedeutung liegt in erster Linie im Bereich der Betonung. Soll ein Wort anders als nach der Regel 1 oder 2 betont werden, so setzt man den Akzent auf die zu betonende Silbe.

café *limón* *azúcar*

- Weitere Funktionen des graphischen Akzents:

Trennung von Doppelvokalen (Diphtongen):	Unterscheidung von gleich lautenden Wörtern:	
bollería	*té* (Tee)	*te* (dir, dich)
	sí (ja)	*si* (wenn)

- **Merke:** Alle Frage- und Ausrufewörter haben einen Akzent.

¿Qué? *¡Qué...!*

4. Satzzeichen

Anders als im Deutschen werden das Ausrufezeichen und das Fragezeichen zusätzlich vor dem entsprechenden Satz bzw. Ausdruck in umgekehrter Form geschrieben.

¿Desayunáis siempre aquí? *¡Hola, Marta!*

5. Substantiv und Artikel

- Es gibt nur **maskuline** (meist **Endung –o**) und **feminine** (meist **Endung –a**) Substantive.

maskulin	**feminin**	**maskulin**	**feminin**
el euro	*la bebida*	*el*	*la*
los euros	*las bebidas*	*los*	*las*
un bar	*una ensaimada*	*un*	*una*
unos bares	*unas ensaimadas*	*unos*	*unas*

Mit der Präposition **de** wird der Artikel **el** zu **del** verschmolzen, mit der Präposition **a** zu **al**. Die Pluralbildung erfolgt durch Anhängung von **–s**, bei Substantiven, die auf Konsonant enden von **–es**.

*bar – bar**es***

- Beachte die Akzentregeln: *la canción - las canci**o**nes* (das Lied – die Lieder)

Die betonte Silbe im Singular bleibt die betonte Silbe im Plural.

- Der unbestimmte Artikel Plural existiert im Deutschen nicht; man übersetzt ihn mit *einige* oder *ein paar* oder lässt ihn unübersetzt. (vgl.: Französisch un, une --- des)

unos euros = ein paar Euro oder nur Euro

6. Verb

Verben auf *-ar:* ***entrar***

Präsens Indikativ (*presente de indicativo)*

entro	*entr**amos***
*entr**as***	*entr**áis***
*entr**a***	*entr**an***

Imperativ für die 2. Person Singular: ***mira*** - dt.: schau

Höflichkeitsform ist die 3. Person (Singular und Plural):

¿Qué desea Vd.?
¿Qué desean Vds.? } Was wünschen Sie?

Das Personalpronomen, außer das der Höflichkeitsform (Vd., Vds.) wird normalerweise nicht gesetzt, es dient lediglich zur Betonung (vgl.: Französisch: moi, toi...)

tomo	ich nehme	(frz.: je prends)
yo tomo	**ich** nehme	(frz.: moi, je prends)

7. Satzstellung

▪ Aussagesatz:	Subjekt Prädikat		Objekt
	(Yo) Tomo		*un café con leche.*
▪ Fragesatz	Fragepronomen	Prädikat	Subjekt
	¿Qué	toma	Vd.?

- Fragestellung wie im Deutschen, auch in der Aussageform:

(Vd.) Toma azúcar.	Sie nehmen Zucker.
¿(Vd.) Toma azúcar?	Nehmen Sie Zucker? Sie nehmen Zucker?

Übungen

I) *Setzen Sie die Substantive mit bestimmtem Artikel in Singular und Plural:*
bar, universidad, taburete, ensaimada, barra;

II) *Setzen Sie die Substantive mit unbestimmtem Artikel in Singular und Plural:*
bebida, euro, sala, asiento, alumno;

III) *Konjugieren Sie:*
- colocar las bebidas en la barra - tomar asiento - estudiar turismo - desayunar en el bar - entrar en la sala

IV) *Rollenspiel*
A und B frühstücken in einer Bar und bezahlen. Barkeeper – A – B.
Wortschatz: el croissant – Hörnchen, la tostada – das Toastbrot;

V) *Übersetzung:*
Manuel studiert Tourismus. Er ist Austauschstudent. Was frühstückt er? Er nimmt einen Milchkaffee und eine Hefeschnecke. Nimmt er Zucker? Ja, er nimmt Zucker, aber wenig. Manuel will zahlen. „Zahlen, bitte!"

2 En la ciudad

Después de las clases de turismo, Manuel y María compran unas cosas en una tienda bonita en el centro de la ciudad. Está cerca de la catedral gótica. Hay de todo: postales, bolígrafos, cuadernos, periódicos. Manuel compra cinco postales y un bolígrafo, María desea un periódico de Madrid.

Manuel: ¿Tiene Vd. también sellos para las postales?

El vendedor: No, no tengo sellos. Vd. tiene que ir a un estanco o a la oficina de correos.

María y Manuel pagan y regresan a casa. En la calle encuentran a Cecilia y a Jorge. Son dos buenos amigos españoles.

Jorge: ¿Tenéis tiempo para ir al teatro hoy?

María: Yo sí, ¿y tú, Manuel?

Manuel: Yo también. Entonces quedamos a las siete delante del teatro. ¿De acuerdo?

Cecilia: Muy bien. Hasta luego.

Manuel: Adiós.

María: Adiós.

2

Grammatik

1. Deklination des Substantivs (1)

Nominativ	*el sello*	*el amigo*
Akkusativ	*el sello*	***al** amigo*

Nominativ und Akkusativ lauten gleich, außer bei Personen (**a + Substantiv**).

Ausnahme: Bei *tener* **kein** Akkusativ mit **a** bei Personen:

Tengo un amigo

2. Das Adjektiv (1)

la catedral gótica	:	*gótico (s)*	-	*gótica (s)*
las cosas bonitas	:	*bonito (s)*	-	*bonita (s)*
los buenos amigos	:	*bueno (s)*	-	*buena (s)*

Adjektive bilden Maskulin und Feminin, Singular und Plural wie Substantive und werden an diese angeglichen. Sie stehen normalerweise **nach** dem Substantiv. Einige, häufig gebrauchte und nicht unterscheidend verwendete stehen **vor** dem Substantiv.

3. Das unregelmäßige Verb *tener (que)*

tener	:	**haben** (= besitzen)	***tener que*** (vgl.: Englisch *to have to*)	:	**müssen**

tengo	*tenemos*	*tengo que ir*
tienes	*tenéis*	*tienes que ir*
tiene	*tienen*	etc...

4. Die Verneinung

Compran.	:	Sie kaufen.
No compran.	:	Sie kaufen nicht.
Tengo sellos.	:	Ich habe Briefmarken.
No tengo sellos.	:	Ich habe keine Briefmarken.

No vor dem Verb verneint den Satz (Deutsch: **nicht** oder **keiner, keine, keines**). Außerdem bedeutet ***no*** **nein** und steht für die Satzverneinung.

5. Die Personalpronomen im Nominativ

yo	ich	*nosotros,-as*	wir
tú	du	*vosotros,-as*	ihr
él, ella, Vd.	er, sie, Sie	*ellos, ellas, Vds.*	sie, Sie

Übungen

I) *Aussprache: Lesen Sie folgende Wörter:*
leche, bollo, azúcar, gracias, sellos, oficina de correos, español, españoles, el centro de la ciudad, cerca de la catedral, bolígrafos, cuadernos, periódicos, estanco, Cecilia y Jorge;

II) *Konjugieren Sie (auch verneint):*
tener sellos, tener que ir, tener que regresar, tener tiempo, tener buenos amigos;

III) *Setzen Sie in den Plural (Nominativ und Akkusativ):*
el teatro español, la postal bonita, el periódico español, el bar bonito, la catedral gótica, el amigo español, la alumna española;

IV) *Rollenspiel: Kaufen Sie in einem Schreibwarengeschäft ein.*
Wortschatz:
¡Buenos días! : Guten Morgen! ¡Buenas tardes! : Guten Tag! (ab Mittag)
¿Cuánto es? : Wie viel macht es?
1 : un euro 2 : dos euros 3 : tres 4 : cuatro 5 : cinco
6 : seis 7 : siete 8 : ocho 9 : nueve 10 : diez

Barcelona Barrio Gótico

3 El cumpleaños de Manuel

Hoy es el cumpleaños de Manuel. Tiene veinte años. Invita a sus amigos a una gran fiesta en su casa.

Ahora entra José. Es un buen amigo de Chile. Está un año en España.

José: ¡Feliz cumpleaños, Manuel!
Manuel: Muchas gracias.

José coloca un regalo sobre la mesa. Es una gran sorpresa, un poncho chileno. Después llega Rita. Es peruana y está sólo un semestre en España. Tiene también un regalo para Manuel: un CD (compact disc) con música de Perú. Ningún amigo de Manuel llega sin regalo. No es un mal día para Manuel. Desgraciadamente María no está, porque está mala.
Antes de cenar los amigos cantan la canción "Cumpleaños feliz". Después de cantar toman un vino y escuchan algún disco de música pop. Algunos amigos incluso bailan.
Cuando los amigos dicen "Adiós" ya es medianoche y la calle está muy tranquila.

¡Cumpleaños feliz!

El Huaso Chileno

Perú: Machu Picchu

Grammatik

1. Verb

ser		*estar*	
soy	*somos*	*estoy*	*estamos*
eres	*sois*	*estás*	*estáis*
es	*son*	*está*	*están*

Im Spanischen gibt es 2 Verben für das deutsche **sein**: *ser* und *estar*.

- ***ser:***
  wesenhaftes, dauerhaftes sein (z.B. Nationalität, Berufe etc...):
  es español - *hoy es el cumpleaños de Manuel* – *soy peruana* (Adjektiv veränderlich)

- ***estar:***
  1) örtliches Befinden: *está en España*

  2) körperliches Befinden: *está malo* – *está bien* (**!**)

  3) momentaner, vorübergehender Zustand: *la calle está tranquila* (Adjektiv veränderlich)

Beachte:

- *está malo* : er ist krank *es mal* : er ist schlecht, böse
- Die Adjektive *feliz* und *rico* (reich) sind gewöhnlich mit *ser* zu bilden.
- *estar* kann nicht mit Substantiv verbunden werden.

2. Das Adjektiv (2)

- Die folgenden Adjektive werden normalerweise **vor** das Substantiv gestellt:

  bueno *malo* *alguno* *ninguno* *grande*

- *grande* wird dabei im Singular immer zu *gran* verkürzt,

  un gran día *una gran sorpresa*

  die übrigen nur bei maskulinem Singular.

un buen amigo	*un mal amigo*	*algún amigo*	*ningún amigo*
una buena amiga	*una mala amiga*	*alguna amiga*	*ninguna amiga*

- Beachte den Akzent bei *alg**ú**n* *ning**ú**n*

ninguno hat keine Pluralform.

- Diese Adjektive können auch nachgestellt werden, wenn sie unterscheidend gebraucht werden oder durch ein Adverb ergänzt sind:
  una alumna (muy) buena

Übungen

I) *Aussprache. Lesen Sie die folgenden Wörter:*
cumpleaños, chileno, regalo, Rita, cenar, feliz, canción, escuchan, medianoche;

II) *Konjugieren Sie:*
ser de Madrid, estar en Madrid, ser bueno (a), estar malo (a);

III) *Ser oder estar?*
1. Manuel....un alumno de intercambio. ...en España. 2. Los amigos....en la clase. 3. Rita no.... porque....mala. 4. Ahora la calle....tranquila. 5. No....una calle tranquila. 6. Los amigos....en un bar, ...el bar de la universidad. 7. La tienda....cerca de la catedral. ...una catedral gótica. 8. Manuel tiene un periódico. ....el periódico de hoy. 9. María y Manuel encuentran a unos amigos. ....los amigos españoles. 10. El estanco....en la calle Cervantes.
11. ¿Qué tal Cecilia? ....mala hoy. ....en casa. ....una alumna muy buena.

IV) *Setzen Sie die Adjektive in die entsprechende Form.*
bonito: una calle, un libro, los regalos, las canciones;
grande: la catedral, el teatro, los cuadernos, las postales;
alguno/ninguno: amigo, postal, catedral, periódico;
bueno/malo: el amigo, la alumna, los libros, las calles;

V) *Übersetzen Sie.*
1. Heute ist nicht der Geburtstag von Maria. 2. Es ist der Geburtstag von Manuel. 3. Viele Freunde kommen mit Geschenken. 4. Manuel schaut die Geschenke an, dann legt er die Sachen auf den Tisch. 5. Der chilenische Poncho ist eine große Überraschung. 6. Die Freunde essen zu Abend und hören Popmusik an. 7. Ramón ist krank. 8. Er ist nicht bei (con) den Freunden. 9. Er ist zu Hause. 10. Jetzt will Manuel singen, aber die Freunde wollen nicht singen. 11. Es ist schon Mitternacht und die Straßen sind sehr ruhig. 12. Manuel ist sehr glücklich, er hat viele gute Freunde.

VI) *Rollenspiel*
Sie lernen Leute bei einer Fete kennen und stellen sich vor.

A: Yo soy Manuel, ¿y tú?
B: Yo soy María
A: Mucho gusto. (dt.: Freut mich!)
B: Encantado (a).(dt.: Angenehm!)

oder:

A: ¿Cómo te llamas?
(dt.:Wie heißt du?)
B: Me llamo Manuel, ¿y tú?
(dt.: Ich heiße.....)
A: Yo me llamo María.

4 El día después de la fiesta.

Cuando Manuel se levanta constata que reina un desorden considerable en su habitación. Hay platos y vasos sucios en la pequeña mesa, también cuchillos, tenedores y cucharas. Las sillas están por todas partes y la alfombra no está limpia.

A las diez llega María para ayudar a Manuel. Ella lava la vajilla, y él pasa el aspirador por la alfombra y arregla la habitación. María limpia el baño de su amigo. Da al amigo las toallas sucias y pone otras. Terminan el trabajo a las once y van a la universidad.
Manuel compra una rosa a su amiga y dice:
" Muchas gracias por tu ayuda."
" De nada", contesta ella.
Ella está muy contenta.
Cuando llegan a la universidad, el coche de Cecilia ya está en el aparcamiento de los alumnos. Es tarde, los amigos tienen que correr para estar a las once y media en su clase.

En la Universidad de Oviedo

4

Grammatik

1. Deklination des Substantivs (2)

Ähnlich wie im Englischen werden die Fälle der Substantive mit Hilfe von Präpositionen gebildet.

de (Engl.: of) bezeichnet den ***Genitiv***

a (Engl.: to) bezeichnet den ***Dativ***

Akkusativ der Person und Dativ lauten gleich. Die Präpositionen *de* und der Artikel *el* verschmelzen zu ***del*** (vgl: *a* + *el* = *al* L.1)
Bei zwei Objekten steht normalerweise das direkte vor dem Präpositionalobjekt.

Personen:

Nominativ	*el amigo*	*la amiga*	*los amigos*	*las amigas*
Genitiv	*del amigo*	*de la amiga*	*de los amigos*	*de las amigas*
Dativ	*al amigo*	*a la amiga*	*a los amigos*	*a las amigas*
Akkusativ	*al amigo*	*a la amiga*	*a los amigos*	*a las amigas*

Sachen:

Nominativ	*el libro*	*la fiesta*	*los libros*	*las fiestas*
Genitiv	*del libro*	*de la fiesta*	*de los libros*	*de las fiestas*
Dativ	*al libro*	*a la fiesta*	*a los libros*	*a las fiestas*
Akkusativ	*el libro*	*la fiesta*	*los libros*	*las fiestas*

2. Verb

dar		***ir***	
doy	*damos*	*voy*	*vamos*
das	*dais*	*vas*	*vais*
da	*dan*	*va*	*van*

3. Personalpronomen im Nominativ und Possessivpronomen

yo	*mi, mis*
tú	*tu, tus*
él,ella Vd.	*su, sus*
nosotros, -as	*nuestro (s), -a (s)*
vosotros, -as	*vuestro (s), -a (s)*
ellos, ellas, Vds.	*su, sus*

yo tengo	*mi libro*	*mi mesa*	*mis libros*	*mis mesas*
tú tienes	*tu libro*	*tu mesa*	*tus libros*	*tus mesas*
él, ella, Vd. tiene	*su libro*	*su mesa*	*sus libros*	*sus mesas*
nosotros,-as tenemos	*nuestro libro*	*nuestra mesa*	*nuestros libros*	*nuestras mesas*
vosotros,-as tenéis	*vuestro libro*	*vuestra mesa*	*vuestros libros*	*vuestras mesas*
ellos, ellas, Vds. tienen	*su libro*	*su mesa*	*sus libros*	*sus mesas*

- *su, sus* lautet gleich für männlichen und weiblichen Besitzer:
  sein Buch, ihr Buch = *su libro* seine/ ihre Bücher = *sus libros*
- Beachte: ***tú*** und ***tu*** (Unterscheidungsakzent)

4. Zahlen

0	*cero*	7	*siete*	14	*catorce*
1	*uno, una, un*	8	*ocho*	15	*quince*
2	*dos*	9	*nueve*	16	*dieciséis*
3	*tres*	10	*diez*	17	*diecisiete*
4	*cuatro*	11	*once*	18	*dieciocho*
5	*cinco*	12	*doce*	19	*diecinueve*
6	*seis*	13	*trece*	20	*veinte*

Die Zahl 1 unterscheidet maskulin (***uno***) und feminin (***una***); ***uno*** wird vor Substantiv zu ***un*** verkürzt (vgl.: *bueno, malo* etc.... Grammatik Lektion 3).

Übungen

I) *Aussprache. Lesen Sie die folgenden Wörter:*
habitación, sucio, vaso, cuchillo, cuchara, silla, diez, vajilla, arreglar, baño, toalla, trabajo, once, dice, muchas gracias, llegar, Cecilia, aparcamiento, correr;

II) *Setzen Sie die Possessivpronomen ein:*
1. Manuel está en ... habitación. 2. ... platos están sucios. 3. Yo lavo ... vasos, y tú limpias ... alfombra. 4. Pasamos ... aspirador por ... alfombra. 5. Dais ... toallas a ...amigos.

III) *Setzen Sie die Personalpronomen ein:*
1.María está en casa. ... es la amiga de Manuel. 2. Manuel y María llegan tarde. ... siempre llegan tarde. 3. Manuel y María, ¿ ... estudiáis turismo?

4. ... estudio turismo y ... estudias turismo también. 5. ... trabajamos mucho. 6. ... no estudiáis en casa.

IV) *Zahlen von 1 – 20*

1. Zählen Sie vorwärts und rückwärts. 2. Zählen Sie die geraden / ungeraden Zahlen vor- und rückwärts. 3. Sagen Sie eine Zahl zu Ihrem Nachbarn. Dieser reagiert: x + 1, 2 ... bzw. x – 1, 2,....
4. Zählen sie die Jungen und Mädchen im Hörsaal.
5. Rechnen Sie.

Beispiele:	2 + 3 = 5	dos **y** tres son cinco
	5 – 2 = 3	cinco **menos** dos son tres

V) *Übersetzen Sie:*

1. Manuels Freundin steht spät auf. 2. Sie kommt immer zu spät, aber sie hilft ihren Freunden nach den Festen. 3. Die Gläser des Freundes sind groß; meine Gläser sind klein. 4. Manuel hat keine Messer; Maria gibt dem Freund ihre Messer. 5. Heute spült Manuel ab. 6. Seine Freunde helfen nicht. 7. Sie sind gute Freunde, aber wenn es Arbeit gibt, sind sie nicht (da). 8. Cecilia ist am Parkplatz der Studenten, aber ihr Auto ist nicht (da).

El País Vasco de fiesta

5 La visita

La familia García vive en una casa nueva. Esta tarde sus amigos José y Conchita están con ellos. Desean ver la casa.

El señor García abre la puerta y dice:

"Hola, amigos, bienvenidos. Aquí tenéis la entrada con un perchero para vuestras gabardinas. A la izquierda está la cocina, en el centro el comedor y a la derecha la sala de estar. Nuestro dormitorio y los dormitorios de los niños están arriba. El baño está al lado de los dormitorios."

José: "¿La casa no tiene balcón?"

El señor García: "Sí, tiene un balcón muy bonito. Salimos a él desde el dormitorio."

Ahora todos entran en la sala de estar y toman asiento. José da un regalo a la señora García.

"Muchas gracias. ¿Abrimos el paquete ahora mismo?"

"Sí, por favor."

Los dos abren el paquete muy lentamente.

"Ah, ¡qué bonito! Es un compact disc de José Carreras. Este cantante le gusta mucho a mi esposa", dice el señor García.

"Pero a mi marido también", añade la señora García.

La chica ha preparado un té con pasteles. Ahora todos comen, beben y charlan.
Poco después la chica interrumpe la conversación. El pequeño Luis y su hermana Isabel tienen problemas.

"Tenemos que subir para ver", dice la señora García.
La mamá comprende enseguida. Es como siempre. El hermano no deja jugar a la hermana con sus juguetes.

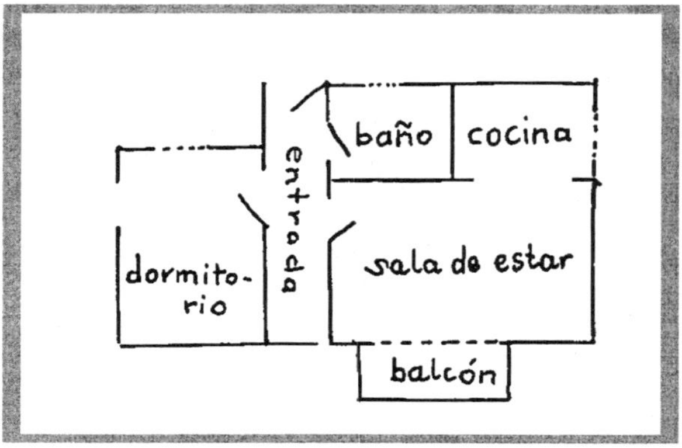

5

Zusatzwortschatz

1. Haus, Wohnung, Garten

la ventana	Fenster
el pasillo	Korridor
la cocina de gas	Gasherd
la nevera	Kühlschrank
la calefacción	Heizung
la terraza	Terrasse
el jardín	Garten
el árbol	Baum
el arbusto	Strauch
el césped	Rasen
la flor	Blume
el cercado	Zaun

2. Verwandtschaftsbeziehungen

la mujer	Frau, Ehefrau
el padre	Vater
la madre	Mutter
los padres	Eltern
el abuelo	Großvater
la abuela	Großmutter
los abuelos	Großeltern
el nieto, la nieta	Enkel, Enkelin
el sobrino, la sobrina	Neffe, Nichte
el primo, la prima	Cousin, Cousine
el cuñado, la cuñada	Schwager, Schwägerin
el suegro, la suegra	Schwiegervater, ~ mutter
los suegros	Schwiegereltern
el yerno	Schiegersohn
la nuera	Schwiegertochter
el tío, la tía	Onkel, Tante

Grammatik

1. Verb:

Präsens Indikativ (*presente de indicativo*) der Verben auf *–er* und *–ir*

comer

como	*comemos*
comes	*coméis*
come	*comen*

vivir

vivo	*vivimos*
vives	*vivís*
vive	*viven*

Nur die 1. und 2. Person Plural sind verschieden.

ver

veo	*vemos*
ves	*veis*
ve	*ven*

2. Das Adverb

- ursprüngliche Adverbien: *muy, bien, mal*
- abgeleitete Adverbien: Femininform des Adjektives + *mente*
  lento, lenta → *lentamente*

Adverbien sind unveränderlich. Sie stehen vor dem Adjektiv (*muy bueno)* bzw. bei einem anderen Adverb (*muy bien)* oder beim Verb *(abrir lentamente)*.

3. Angaben des Ortes

a la derecha (de)	rechts	*en el centro (de)*	in der Mitte
a la izquierda (de)	links	*delante de*	vor
al lado de	neben	*detrás de*	hinter
junto a	neben	*cerca de*	nahe bei
		enfrente de	gegenüber

4. **Artikel** (Besonderheiten)

- Bei Dingen, die normalerweise nur einmal vorhanden sind, steht kein Artikel.

  La casa tiene balcón. Das Haus hat **einen** Balkon.

- Wird der Begriff aber näher beschrieben (*muy bonito*), so steht der Artikel wie im Deutschen.

  La casa tiene un balcón muy bonito.

- *otro* und *medio* haben keinen **unbestimmten** Artikel.

  Tiene otro. Er hat einen anderen (noch einen).
  media hora eine halbe Stunde

➢ **aber:** *el uno y el otro* der eine und der andere

- Die Bezeichnungen Herr, Frau und Fräulein werden anders als im Deutschen mit Artikel verwendet, außer in der Anrede.

  La señora García dice Frau García sagt
  Hola, señor García Hallo, Herr García

Übungen

I) *Aussprache. Lesen Sie die folgenden Wörter:*
bienvenidos, el perchero, a la izquierda, a la derecha, la cocina, el centro, arriba, un paquete, charlan, interrumpe, la conversación, pequeño, en seguida, jugar, juguetes;

II) *Konjugieren Sie.*
comer pasteles, vivir en su casa, subir al dormitorio, comprender a los niños, beber su café, añadir algo (etwas), interrumpir la conversación, ver la casa de su amigo;

III) *Bilden Sie Sätze nach dem gegebenen Beispiel unter Verwendung der Verwandtschaftsbeziehungen:*
Mi abuelo vive al lado de mi tío.

IV) *Übersetzen Sie:*
1. Die Garderobe ist links neben der Küche. 2. Das neue Haus der Familie García hat einen Balkon. 3. Frau García öffnet das Paket; ihr Mann schaut das Geschenk an. 4. Wir wohnen neben unseren Großeltern. 5. Der Korridor unseres Hauses ist nicht sehr groß. 6. Alle sind im Wohnzimmer. Herr García ist links von der Heizung, seine Frau rechts und sein Schwiegervater steht (ist) in der Mitte. 7. Jetzt gehen die Kinder auf die Terrasse hinaus um zu spielen. 8. Euer Kühlschrank ist nicht groß, er steht neben dem Gasherd. 9. Die Kinder haben ein Problem; sie unterbrechen die Unterhaltung ihrer Eltern. 10. Jetzt haben sie noch ein Problem. Heute gibt es viel Arbeit für Mama. 11. Öffnet ihr die Geschenke immer sofort? Ja, wir wollen die Geschenke sehen.

6 Hoy es lunes

Después de un domingo agradable en su casa en la playa, Enrique Valdés empieza otra semana de trabajo. A las seis y media se despierta. Todavía está cansado. Mira su reloj de pulsera y cierra los ojos otra vez. Después de unos minutos, abre los ojos lentamente y se levanta. A las siete menos cuarto va al baño, toma el cepillo de dientes y el dentífrico y se lava los dientes. Después se afeita con su maquinilla eléctrica. Luego toma el jabón y se ducha. Se seca con su toalla y se pone primero la ropa interior y luego una camisa blanca y su pantalón negro.

Ahora son las siete y cuarto. Desayuna rápidamente y va al trabajo.

Enrique es licenciado en ciencias empresariales. Trabaja en una empresa hotelera como responsable de marketing. Trabaja mucho y gana bastante, pero no tanto como su amigo Paco. Trabaja toda la semana desde las ocho de la mañana hasta las cinco de la tarde. Sólo el viernes está libre por la tarde.

Enrique está contento con su trabajo, pero siempre piensa en el próximo fin de semana y en su casa en la playa, que es tan bonita.

1. Kleidung

la ropa	Kleidung
ponerse	anziehen
llevar	tragen
quitarse	ausziehen
el abrigo	(Winter)mantel
el sombrero	Hut
el gorro	Mütze
la boina	Baskenmütze
la bufanda	Schal
las botas	Stiefel
el vestido	Kleid
la blusa	Bluse
la falda	Rock
las medias	Strümpfe
los calcetines	Socken
el traje	Anzug
la corbata	Krawatte
la chaqueta	Jacke, Sacco
la americana	Jacke, Sacco
los vaqueros	Jeans
los zapatos	Schuhe
las alpargatas	Leinenschuhe (*sehr üblich in Spanien*)
las zapatillas	Hausschuhe
las bragas	Damenschlüpfer
los calzoncillos	Herrenunterhose
el sostén	Büstenhalter
la camiseta	T-shirt, Unterhemd
el jersey	Pullover
el panty	Strumpfhose

2. Wochentage

el lunes	Montag
el martes	Dienstag
el miércoles	Mittwoch
el jueves	Donnerstag
el viernes	Freitag
el sábado	Samstag
el domingo	Sonntag

3. Farben

rojo, a	rot
amarillo, a	gelb
azul	blau
verde	grün
marrón	braun
gris	grau

Grammatik

1. Reflexive Verben *lavarse*

me lavo	*nos lavamos*
te lavas	*os laváis*
se lava	*se lavan*

Im Infinitiv wird das Reflexivpronomen **angehängt**, bei den konjugierten Formen steht es **vor** dem Verb.

- **Beachte:** *tengo que lavarme, tienes que lavarte etc....*
- **Beachte:** *llamarse* (heißen): dt. und sp. nicht immer gleich reflexiv!

2. Verbengruppe *cerrar (ie)*

cierro	*cerramos*
cierras	*cerráis*
cierra	***cierran***

Bei vielen spanischen Verben wird das **e** der letzten Stammsilbe bei den stammbetonten Formen (Singular und 3. Person Plural) im Präsens Indikativ und Konjunktiv zu **ie**. Diese Verben sind in Wörterbüchern entsprechend gekennzeichnet; es gibt keine Regel für die Zugehörigkeit eines Verbs zu dieser Gruppe.

3. Verb *poner (ponerse)*

(me) pongo	*(nos) ponemos*
(te)pones	*(os) ponéis*
(se(pone	*(se) ponen*

4. Gebrauch von ***muy, mucho*** sehr, viel ***tan, tanto*** so sehr, so viel

Verwendung:

- *muy* und *tan* stehen bei Adjektiv und Adverb.

  muy bueno *muy bien* *tan bueno* *tan bien*

- *mucho* und *tanto* stehen beim Substantiv (veränderlich) und beim Verb.

  Tengo muchos,(tantos) amigos. *Trabajo mucho,(tanto).*

- Vergleich *tan... / tanto...como* : so(viel)...wie

5. Gebrauch von ***todo*** ganz, alle

Das Adjektiv *todo* (ganz, alle) steht anders als alle anderen Adjektive vor dem Artikel.
toda la semana : die ganze Woche - *todos los días* : alle Tage

6. Zahlen von 21 bis 30

21	*veintiuno, a*	26	*veintiséis*
22	*veintidós*	27	*veintisiete*
23	*veintitrés*	28	*veintiocho*
24	*veinticuatro*	29	*veintinueve*
25	*veinticinco*	30	*treinta*

7. Die Uhrzeit

¿Qué hora es?	Wie spät ist es?	*Son las (es la)...*	Es ist...
¿A qué hora?	Um wie viel Uhr?	*A la(s) una, dos...*	Um.....Uhr.

- Volle Stunden: *Es la una, son las dos, tres, etc...*
- Halbe Stunden: *Es la una y media, son las dos y media, etc...*
- Viertel Stunden: *y* oder *menos cuarto: es la una y (menos) cuarto, son las dos y (menos) cuarto*

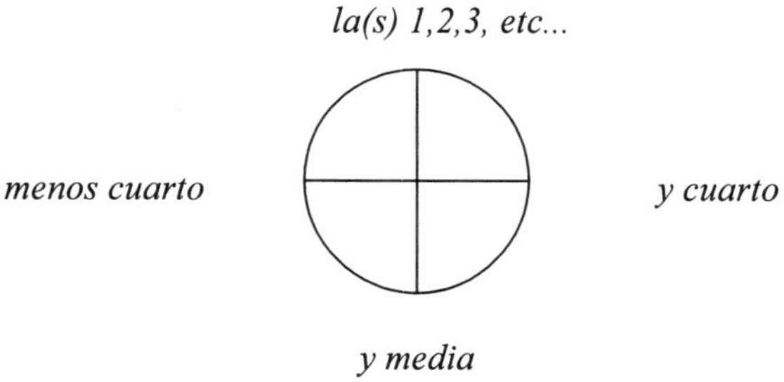

- andere Minutenangaben
  bis zur halben Stunde: *y uno, dos, tres......*
  ab der halben Stunde: *menos veintinueve, veintiocho, etc...*
  vormittags
  mit Uhrzeit: ***de*** *la mañana (a las ocho* ***de*** *la mañana)*
  ohne Uhrzeit: ***por*** *la mañana*
  nachmittags
  mit Uhrzeit: ***de*** *la tarde (a las dos* ***de*** *la tarde)*
  ohne Uhrzeit: ***por*** *la tarde*

8. Adjektiv (3)

Auf **Konsonant** oder ***e*** endende Adjektive haben nur eine Form im Singular und im Plural:

el traje azul *los trajes azules* *la blusa azul* *las blusas azules*

➢ **Ausnahme:** geographische Zugehörigkeit (Land, Stadt)

español *española* *españoles* *españolas*

Übungen

I) *Fragen Sie sich gegenseitig. Beispiele:*
- ¿Qué llevas hoy? - Hoy llevo una camisa blanca y un pantalón negro.
- ¿Qué te pones hoy? - Hoy me pongo la chaqueta azul.

II) *Fragen Sie nach der Uhrzeit. Beispiele:*
- ¿Qué hora es? - Es (son) la(s).....
- ¿A qué hora empieza la clase de turismo? etc...

III) *Rechenaufgaben:* 0 – 30: Addition und Subtraktion (vgl.: L. 4, Ü IV,)

IV) *Konjugieren Sie:*
cerrar la puerta, tener que levantarse a las siete, empezar a trabajar a las ocho y media, pensar en el fin de semana, despertarse lentamente, afeitarse todos los días, tener que lavarse rápidamente;

V) *Setzen Sie die entsprechende Form ein: tan, tanto, muy, mucho.*
1. Enrique está....cansado, trabaja... . 2. Tiene...amigos. Los amigos trabajan .... lentamente. 3. ¿Trabajas mucho? No, no.... . 4. ....alumnos no van.....a clase. 5. Hoy Enrique tiene que levantarse...rápidamente porque tiene....trabajo.

VI) *Übersetzen Sie:*
1. Es ist dreiviertel vier. Enrique zieht seinen Mantel und Schal an, setzt seinen Hut auf und geht nach Hause. 2. Jetzt ist es fünf nach halb fünf. Enrique ist schon zu Hause und zieht den Mantel aus. 3. Seine Frau trägt heute die hübsche rote Bluse und den weißen Rock. 4. Die Kinder sind auf dem Balkon mit ihren Spielsachen. 5. Enrique ist Betriebswirt und verdient ziemlich viel. 6. Seine Frau arbeitet nicht, sie ist zu Hause bei den Kindern. 7. Um wie viel Uhr kommt Enriques Freund? Um halb acht. 8. Alle Freunde Enriques arbeiten in Madrid. Sie müssen viel arbeiten, aber keiner arbeitet so viel wie Enrique. 9. Heute müssen wir schon um halb sieben aufstehen. Müsst ihr auch so früh (temprano) aufstehen? 10. Nein, wir stehen immer um viertel nach sieben auf. 11. Ramón sucht seine Zahnbürste und die Zahnpasta. Sie sind nicht im Bad.

7 Una carta de Manuel

Madrid, 12 de noviembre de 2002

Queridos padres:

Finalmente encuentro el tiempo para escribir una carta. Los días desde mi llegada a España han pasado muy rápidamente. He aprendido algo nuevo todos los días y ya hablo español bastante bien. Siempre ha hecho buen tiempo hasta ahora y he paseado muchas veces por el parque del Retiro. Ya he comido muchas cosas nuevas como el cocido madrileño y el gazpacho andaluz. Suelo ir a un restaurante económico en la plaza Tirso de Molina. Está en el centro, cerca de la Puerta del Sol. Allí he encontrado siempre a alguien para practicar la lengua.

Esta mañana he ido a un banco y he cobrado mi beca de quinientos euros. Ciento cincuenta son para la habitación y trescientos cincuenta para vivir y comprar libros. No es mucho, pero puedo ahorrar un poco cada mes para hacer un viaje organizado en Navidad. Sin embargo, esto todavía no está decidido.

Ya he visitado muchas cosas en Madrid como el Prado, el Centro de Arte Reina Sofía y el Casón del Buen Retiro, el Teatro Real y el Palacio de Oriente o Palacio Real, pero todavía no he viajado fuera de Madrid.
Mi amigo José cuenta que quiere comprar una moto usada. Entonces podemos ir a ver algunos monumentos cerca de Madrid, por ejemplo El Escorial, el palacio de Aranjuez o la casa de Cervantes en Alcalá de Henares.

Los profesores de la escuela de turismo son casi todos buenos, y he aprendido muchas cosas interesantes. El profesor de contabilidad es muy divertido. No nos aburrimos en sus clases.

Bueno, he llenado toda la hoja y tengo que terminar.
Un abrazo muy fuerte de vuestro hijo

Manuel

P.D. Todavía no he gastado todo el dinero que me habéis mandado para mi cumpleaños. Quedan ochenta euros.

En el restaurante.

Manuel:	El menú, por favor.
Camarero:	Aquí tiene la carta....¿Qué desea?
Manuel:	De primer plato entremeses variados (acelgas, alubias, sopa castellana, judías verdes con jamón, paella).
Camarero:	Muy bien, ¿ y de segundo?
Manuel:	Escalope a la milanesa (merluza a la plancha, albóndigas, chuletas de cerdo, filete de ternera).

Camarero: ¿Y para beber?
Manuel: Vino tinto (agua mineral con/sin gas, cerveza, naranjada, limonada).
Camarero: ¿Qué quiere de postre? Tenemos flan, helado, arroz con leche o fruta.
Manuel: ¿Qué fruta tiene?
Camarero: Plátano, manzana, pera.
Manuel: Una manzana, por favor.

Camarero: ¿Quiere café?
Manuel: Sí, un cortado (café solo).

Manuel: La cuenta, por favor.

Zusatzwortschatz

el menú	Menü, Speisekarte
el camarero	Kellner
la carta	Speisekarte
de primer plato	als Vorspeise
los entremeses variados	kalte Vorspeisen
las acelgas	Mangold
las alubias	weiße Bohnen
la sopa castellana	Knoblauchsuppe mit Ei
las judías verdes	grüne Bohnen
la paella	Reispfanne
¿y de segundo?	und als Hauptgericht?
el escalope a la milanesa	paniertes Schnitzel
la merluza	Seehecht
a la plancha	auf einer heißen Metallplatte gebraten
las albóndigas	Fleischklößchen in Soße
las chuletas de cerdo	Schweinekoteletts
el filete de ternera	Kalbs(Rinds-)filet
el vino tinto	Rotwein
el agua (*f*) mineral con / sin gas	Mineralwasser mit/ ohne Kohlensäure
la cerveza	Bier
la naranjada	Orangenlimonade
la limonada	Limonade
el postre	Nachspeise
el flan	Pudding mit Karamelsoße
el helado	Speiseeis
el arroz con leche	Milchreis
la fruta	Obst
el plátano	Banane
la manzana	Apfel
la pera	Birne
el cortado	Espresso m. Milch
el café solo	Espresso
la cuenta	Rechnung
la cuenta, por favor	Bitte zahlen!

Grammatik

1. Verbengruppe *encontrar (ue)* *soler (ue)*

encuentro	*encontramos*
encuentras	*encontráis*
encuentra	***encuentran***

suelo	*solemos*
sueles	*soléis*
suele	***suelen***

Mehrere spanische Verben verwandeln das letzte **o** in den stammbetonten Formen, analog zu der Verbgruppe *cerrar (ie),* in ***ue***. Diese Verben sind im Wörterbuch entsprechend gekennzeichnet. Es gibt keine Regel für die Zugehörigkeit zu dieser Gruppe.

2. Partizip Perfekt *(participio perfecto)*

Bildung:

pas - ar → *pas - ado* ***- ado***

aprend - er → *aprend - ido*
decid - ir → *decid - ido* } ***- ido***

Verwendung:

a) als Adjektiv (veränderlich): *un viaje organizado* *una moto usada*

b) zur Bildung des **Perfekts**
(pretérito perfecto bzw. ***pretérito perfecto compuesto)***:

he visitado	*hemos visitado*
has visitado	*habéis visitado*
ha visitado	*han visitado*

- Wie im Englischen wird das Perfekt immer mit *haber* gebildet, dabei bleibt das Partizip stets unverändert. Die Einheit Hilfsverb + Partizip (*he visitado)* darf durch nichts getrennt werden (Verneinung, Pronomen):

*no **he visitado*** *no se **ha comprado*** *siempre **ha hablado***

- Auch in der Bedeutung entspricht das *pretérito perfecto* dem englischen *present perfect.* Es drückt vergangene Handlungen aus, die an die Gegenwart heranreichen oder die für die Gegenwart von Bedeutung sind:

He comprado la moto (= Ahora tengo la moto)

3. Zahlen ab 31

31	*treinta y uno, a*	40	*cuarenta*
32	*treinta y dos*	50	*cincuenta*
33	*treinta y tres*	60	*sesenta*
34	*treinta y cuatro*	70	*setenta*
35	*treinta y cinco*	80	*ochenta*
36	*treinta y seis, etc.....*	90	*noventa*

100	*cien, ciento*:
allein stehend	*cien* (100)
in Zusammensetzungen	*ciento*
101, 102, 103....:	*ciento uno,a, ciento dos, ciento tres...*

200	*doscientos, as*	800	*ochocientos,as*
300	*trescientos, as*	900	***novecientos,as***
400	*cuatrocientos, as*	1 000	*mil*
500	***quinientos, as***	2 000	*dos mil, tres mil.....*
600	*seiscientos, as*	1 000 000	*un millón*
700	***setecientos, as***	1 000 000 000	*mil millones*

- Vor ***mil*** wird *uno* zu ***un*** verkürzt:
  351 501 *trescientos cincuenta y un mil quinientos uno*

- Jahreszahlen liest man immer wie folgt:
  1995 *mil novecientos noventa y cinco*
  2005 *dos mil cinco*

- Die Vielfachen von 100 unterscheiden maskuline und feminine Formen wie Adjektive:
  doscientos euros *doscientas hojas*

➢ **Beachte:** ***y*** steht **nur** zwischen Zehnern und Einern:

351 *trescientos cincuenta **y** uno*
aber: 401 *cuatrocientos uno*

4. Datum und Monatsnamen

*el 1, 2, 3...**de*** *enero, febrero, marzo, abril, mayo, junio, julio, agosto, se(p)tiembre, octubre, noviembre, diciembre* ***de*** *2002*

- Beim Datum werden, anders als im Deutschen, die Grundzahlen verwendet, außer beim Ersten eines Monats. Hier kann auch die Ordnungszahl verwendet werden:

  el uno/primero de marzo de 2003

- Der Monatsname wird von den Präpositionen ***de*** umklammert: ....*de enero de...*

- Im Spanischen hat der Monat September eine Doppelform: *setiembre/septiembre.* Beide Formen werden unterschiedslos gebraucht. Monatsnamen werden klein geschrieben, allerdings ist eine Tendenz zur Großschreibung festzustellen (Einfluss des Englischen).

- Der Artikel ***el*** beim Datum bedeutet **der** und **am**:

el dos de febrero der 2. Februar /am 2. Februar

5. Artikel (Besonderheit der Verwendung)

Alle auf betontes **a** beginnenden Substantive haben im Singular den bestimmten Artikel ***el*** und den unbestimmten Artikel ***un***, egal ob sie maskulin oder feminin sind:

*el agu**a*** **(f)** *es buen**a**.*

➢ **aber:** ***las*** *aguas*

Madrid: Plaza Tirso de Molina

Übungen

I) *Konjugieren Sie (presente de indicativo):*
Soler comprar plátanos, encontrar a sus amigos, poder hacer un viaje, contar una cosa divertida;

II) *Konjugieren Sie (pretérito perfecto), auch verneint:*
encontrar el tiempo para escribir una carta, comer una ensaimada, ir a un restaurante, ahorrar mucho, hablar con el profesor, organizar un viaje, beber vino tinto, tomar asiento en un taburete, desayunar en el bar;

III) *Diktieren Sie sich gegenseitig sechsstellige Zahlen (Tafel), zuerst in Ziffern, dann in Buchstaben.*

IV) *a) Sagen Sie Ihren Geburtstag. Beispiel:*
Mi cumpleaños es el 31 de octubre.

b) Sagen Sie in den folgenden Stunden immer zu Beginn das Datum und die Uhrzeit.

V) *Rollenspiel:*
Essen Sie zu Mittag (in Spanien zwischen 14:00 und 15:00 Uhr) Beispiel: Zusatzwortschatz Lektion 7.

VI) *Übersetzung*
1. Manuel schreibt einen Brief an seine Eltern. 2. Er erzählt, dass sein Freund ein gebrauchtes Motorrad kaufen will. 3. Er ist oft im Retiro Park spazieren gegangen.
4. Hat er auch die Sprache geübt? Ja, er hat immer im Restaurant mit spanischen Freunden gesprochen. 5. Habt ihr viel gespart? Nein, wir können nicht viel sparen, wir haben nur ein kleines Stipendium von 500 Euro. 6. Heute morgen ist Manuel in die Tourismushochschule gegangen. 7. Er hat Rechnungswesen und Marketing. 8. Die Professoren sind sehr lustig. 9. Er langweilt sich nicht in ihren Vorlesungen.
10. Die Austauschstudenten haben viele Sachen in Madrid besichtigt, sie sind aber noch nicht außerhalb von Madrid gewesen. 11. Am Samstagnachmittag gehen sie gewöhnlich in den Prado.

Madrid: Plaza de toros

8 Dos amigas

Cecilia trabaja como secretaria en una empresa de productos químicos. Su jefe es muy exigente. A las dos y media vuelve a casa. Suena el teléfono. Descuelga y dice:

Cecilia: ¡Dígame!
Pilar. Soy yo, Pilar.
Cecilia: Ah, Pilar. ¿Cómo estás?
Pilar: Muy bien, ¿y tú?
Cecilia: Pues, regular. Tengo mucho trabajo y estoy muy cansada.
Pilar: ¿Por qué no vienes a mi casa para una merienda? Vamos a charlar y escuchar música. Así descansas.
Cecilia: Es una buena idea.
Pilar: ¿A qué hora puedes venir?
Cecilia: A eso de las seis. ¿Está bien?
Pilar: Perfecto.

A las cuatro y media Pilar va de compras al supermercado de la Plaza de Colón.
En la entrada toma una cesta y va a la sección de embutidos y quesos. Hay una cola.
Pilar pregunta: "¿Quién es la última?" y se pone en fila.
Cuando llega el turno a Pilar la dependienta pregunta: "¿Qué desea Vd.?"

Pilar: Un cuarto de aquel jamón serrano, allí.
Depend.: ¿Éste?
Pilar: Sí, ése.
¿Aquel manchego es semi-curado?
Depend.: ¿Éste aquí?
Pilar: Sí, ése..
Depend.: Sí, es semicurado. Es muy bueno y tiene un buen precio, 2,50 € el cuarto.
Pilar: Muy bien, dos cuartos, por favor, en rodajas muy finas.
Depend.: ¿ Algo más?
Pilar: Sí. ¿Me pones medio kilo de aquellas aceitunas negras?
Depend.: Cómo no.
¿Algo más?
Pilar: No, gracias, esto es todo.

Pilar vuelve a casa y prepara un vino español con las cosas que ha comprado. Ve que ha olvidado el agua mineral. Pero tiene suerte, pues muy cerca, en la próxima esquina, hay una tienda, que vende bebidas refrescantes.
A las seis y media suena el timbre.

Pilar: ¿Quién es?
Cecilia: Soy yo, Cecilia.

Pilar abre la puerta y abraza a su amiga. Ahora van a pasar un buen rato.

Zusatzwortschatz
Lebensmittel

la sal	Salz	el yogur	Joghurt
la pimienta	Pfeffer	el vinagre	Essig
el pimentón	Paprika	el aceite	Öl
la harina	Mehl	el limón	Zitrone
las pastas	Nudeln	la naranja	Orange
las patatas	Kartoffeln	la carne	Fleisch
la cebolla	Zwiebel	la carne de vaca	Rindfleisch
la lechuga	Kopfsalat	la carne de ternera	Kalbfleisch
el tomate	Tomate	el pescado	Fisch
el pimiento	Paprikaschote	el marisco	Meeresfrüchte
la zanahoria	Karotte	el huevo	Ei
el chorizo	span. Hartwurst mit Paprika	el pollo	Hähnchen
		el ajo	Knoblauch
la mantequilla	Butter		

plano de Madrid:

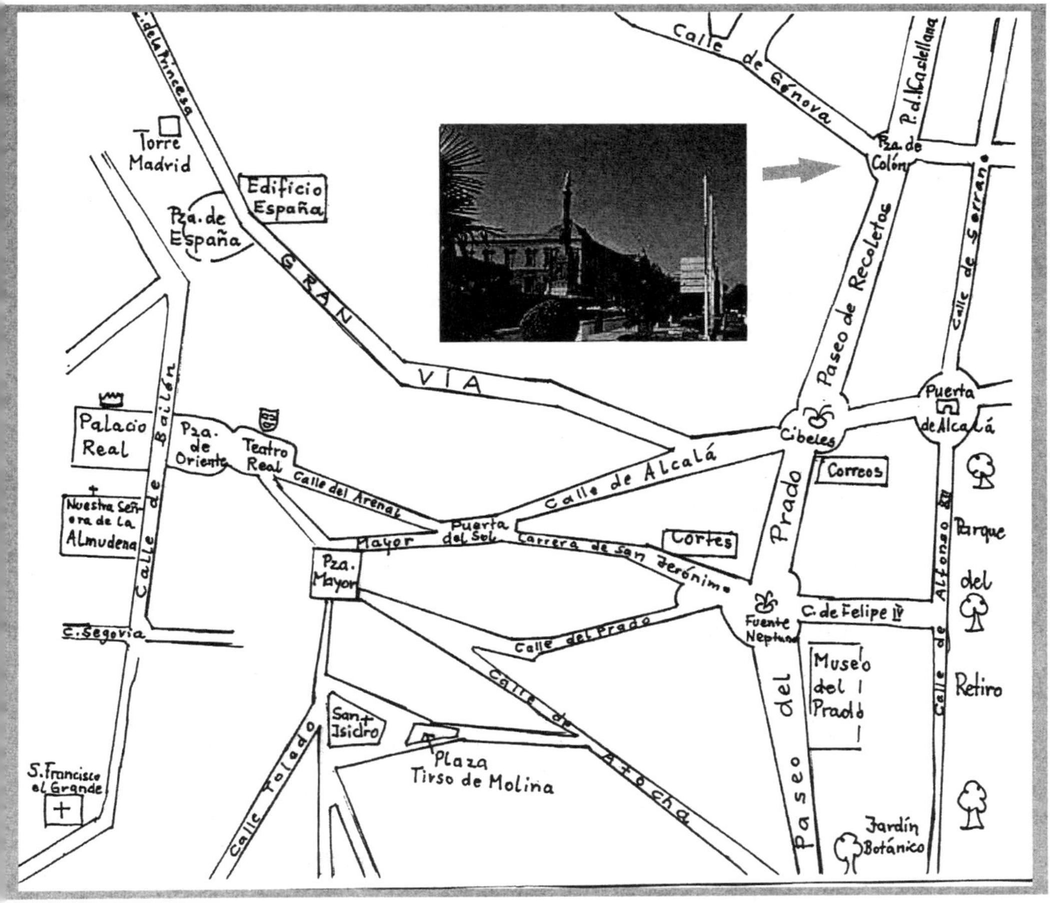

Grammatik

1. Demonstrativpronomen

este libro	*estos libros*	*esta casa*	*estas casas*	***aquí***
ese libro	*esos libros*	*esa casa*	*esas casas*	***ahí***
aquel libro	*aquellos libros*	*aquella casa*	*aquellas casa*	***allí***

Anders als im Deutschen, Englischen und Französischen unterscheidet das Spanische drei Demonstrativpronomen: dieser, jener, oder der dort.
este ist beim Sprecher, ***ese*** ist beim Angesprochenen, ***aquel*** ist bei keinem von beiden sondern an einem dritten Ort. Die dazu gehörigen Ortsadverbien heißen ***aquí, ahí, allí***. Die Neutrumformen (ohne Bezug auf Substantive) heißen ***esto, eso, aquello***.
Allein stehend haben die Demonstrativpronomen (außer den Neutrumformen) einen (Unterscheidungs)akzent auf der betonten Silbe.

este libro	-	*éste*	:	dieses Buch	-	dieses
aquella casa	-	*aquélla*	:	jenes Haus	-	jenes

2. Fragepronomen

¿Qué?	was, was für ein, welcher,e,es	*¿Por qué?*	warum (Antwort: weil *– porque*)
¿Cómo?	wie	*¿Dónde?*	wo
¿Quién? ¿Quiénes?	wer	*¿Adónde?*	wohin
¿Cuándo?	wann	*¿Cuánto,a?(os,as)*	wie viel(e)

Alle Fragepronomen haben auf der betonten Silbe einen Akzent.

3. Personalpronomen im Dativ und Akkusativ
(außer 3. Person Singular und Plural)

Nominativ	*yo*	*tú*	*nosotros*	*vosotros*
Dativ	*me*	*te*	*nos*	*os*
Akkusativ	*me*	*te*	*nos*	*os*

- Die Personalpronomen der ersten und zweiten Person Singular und Plural haben die gleichen Formen für Dativ und Akkusativ. Sie lauten wie die entsprechenden Formen des Reflexivpronomens (vgl.: Lektion 6). Sie stehen unmittelbar vor dem konjugierten Verb.

- Die Verneinung steht vor Pronomen: *¿Por qué **no** me llamas?*

4. Verben *venir* kommen — *decir* sagen

vengo	*venimos*	*digo*	*decimos*
vienes	*venís*	*dices*	*decís*
viene	*vienen*	*dice*	*dicen*

5. *ir a* + Infinitiv = nahe Zukunft
(vgl.: Englisch "to be going to")

vamos a charlar wir werden (dann gleich) plaudern

6. Relativsatz (1)

Das Relativpronomen für Nominativ und Akkusativ, Personen und Sachen lautet ***que***. Der Relativsatz steht wie im Englischen **mit** Komma, wenn die Aussage des Relativsatzes für das Verständnis nicht notwendig ist, also nur eine zusätzliche (entbehrliche) Information bringt. Ist der Relativsatz für das Verständnis notwendig, steht **kein** Komma:

....con las cosas que ha comprado.... (Welche Sachen?)
....hay una tienda, que vende.... (keine Nachfrage nötig)

7. *de* bei Mengenangaben (vgl.: Engl., Franz.)

Mengenangaben schließen den folgenden Begriff mit ***de*** an:

un cuarto de jamón *un kilo de carne*

Übungen

I) *Demonstrativpronomen. Übersetzen Sie.*
1. Dieser Schinken ist sehr gut. Jener dort ist auch sehr gut. 2. Ich möchte ein halbes Pfund von diesem. 3. Welchen Käse möchten Sie? Diesen oder jenen? 4. Diese Eier sind groß, jene dort sind klein. 5. Ich möchte einen Kopfsalat. Diesen oder jenen dort? 6. Diese Tomaten sind noch grün, jene sind schon rot. Pilar kauft die roten.

II) *Stellen Sie sich gegenseitig Fragen. Beispiele:*
¿Qué jersey llevas hoy? Llevo un jersey rojo.
¿Dónde vives? Vivo en Kempten.....

III) *Setzen Sie die Personalpronomen. Konjugieren Sie ohne 3. Pers.Sing./Plur.:*
-Tengo una amiga. Ella ..... llama esta tarde.
Tienes ....

-Hay un buen manchego. .....gusta.
-¿Qué me pongo hoy? ......la blusa azul. (Variieren!)

IV) *Setzen Sie in die (nahe) Zukunft:*
1. Pilar compra el agua mineral. 2. ¿Hablo con Pilar? 3. ¿Te pones el abrigo? 4. Nos despertamos a las seis. 5. ¿Estáis mucho tiempo en Madrid? 6. Los amigos se afeitan en el baño.

V) *Rollenspiel: Kaufen Sie in einem Lebensmittelgeschäft ein.*
La dependienta: ¿Qué desea Vd.? Vd.: Quiero un cuarto de chorizo.
etc....

VI) *Übersetzung:*
1. Was hat Pilar in ihrem (Einkaufs)korb? Sie hat ein halbes Pfund Käse und zwölf Eier. 2. Wie viel muss sie bezahlen? Acht Euro fünfzig. 3. Der Käse, der nahe bei der Verkäuferin ist, hat einen guten Preis. 4. Im Supermarkt gibt es heute kein Mineralwasser. Pilar muss in ein anderes Geschäft gehen, das Erfrischungsgetränke verkauft. 5. Nachmittags spielen die Kinder auf dem Gang, das Dienstmädchen muss ihre Zimmer aufräumen. 6. Gibt es noch Butter im Kühlschrank? Ja, aber nicht viel. 7. Cecilia kommt alle Tage um halb drei nach Hause. Sie arbeitet nur vormittags. 8. Wie heißt der Bruder deiner Gattin? Er heißt José. Und wie heißt ihr Schwager? Auch José.

VII) *Wiederholung: Diktieren Sie sich sechsstellige Zahlen. (s. Lektion 7)*

¡BUEN PROVECHO!

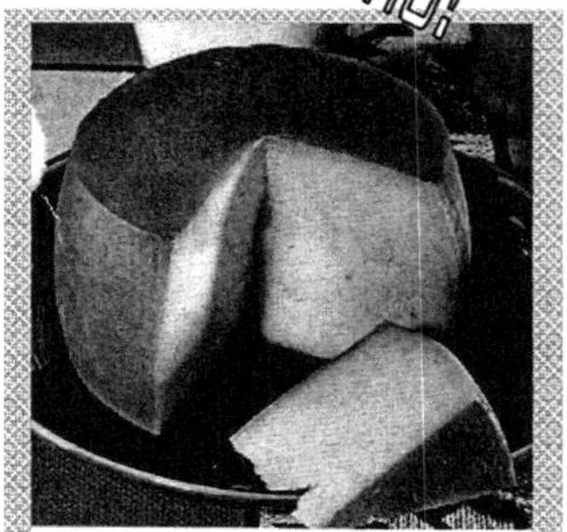

¡QUE APROVECHE!

9 Enrique está malo

Hoy Enrique no ha ido al trabajo. Al despertarse ha notado que tiene dolores de garganta muy fuertes y ha tosido mucho. Además, le ha dolido la cabeza. Incluso ha tenido fiebre. Es un resfriado típico de otoño.
Después de las ocho ha llamado al médico, y éste ha venido enseguida. Le ha examinado detenidamente. Le ha auscultado los pulmones. "No es nada grave", dice, "sólo una gripe. Va a pasar dentro de algunos días". El doctor le ha recetado comprimidos contra la fiebre, un jarabe contra la tos y pastillas. Éstas son para el dolor de garganta.

Conchita, la mujer de Enrique, ha ido a la farmacia y ha traído las medicinas. Además ha comprado limones para el té. No ha olvidado nada.
Le prepara a su marido un té con limón y le da un comprimido. A Enrique no le gusta tomar comprimidos. Tampoco le gusta el jarabe. Solamente las pastillas son dulces y agradables. Las toma cada dos horas. Nunca ha tenido dolores de garganta tan fuertes.
A mediodía Conchita prepara una paella, el plato favorito de su marido. Pero hoy ni siquiera la paella le apetece. No tiene apetito en absoluto. Lo mejor es esperar y descansar.

Estar en casa, piensa Enrique, es más cómodo que trabajar, pero trabajar es más interesante que estar en la cama con gripe. Creo que me gusta más levantarme pronto e ir al trabajo que quedarme en casa enfermo.

Zusatzwortschatz
1. Der menschliche Körper

la nariz	Nase	la espalda	Rücken
la boca	Mund	la cadera	Hüfte
el oído	(inneres) Ohr, Gehör	el trasero	Gesäß
la oreja	(äußeres) Ohr	la pierna	Bein
la frente	Stirn	la rodilla	Knie
el pelo	Haar	el pie	Fuß
el hombro	Schulter	el dedo del pie	Zehe
el brazo	Arm	**2. Jahreszeiten**	
la mano	Hand	la primavera	Frühling
el dedo	Finger	el verano	Sommer
la barriga, la tripa	Bauch	el otoño	Herbst
el estómago	Magen	el invierno	Winter

9

Grammatik

1. Personalpronomen Dativ/Akkusativ der 3. Person Singular und Plural

Nominativ	*él*	*ella*	*ellos*	*ellas*
Dativ	*le*	*le*	*les*	*les*
Akkusativ	***lo***	*la*	***los***	*las*

- In Spanien wird für **männliche Personen** im Akkusativ meist ***le*** und ***les*** anstatt ***lo*** und ***los*** verwendet.
  Veo a José — *Le veo.*
  Veo a los amigos — *Les veo.*
- ***Lo*** und ***los*** beziehen sich normalerweise nur auf Sachen.
  Veo el libro. — *Lo veo.*
  Veo los libros. — *Los veo.*
- Die Dativformen unterscheiden nicht zwischen maskulin und feminin, lediglich zwischen Singular (*le*) und Plural (*les*).
- Im Spanischen wird häufig das Objekt durch das entsprechende Pronomen verstärkt.
  Le *prepara una paella* ***a su marido***

2. Ausdrücke der Verneinung

nunca	niemals	*nadie*	niemand
nada	nichts	*tampoco*	auch nicht
ninguno, a	keiner, -e	*ni siquiera*	nicht einmal

- Diese Ausdrücke können vor oder nach dem Verb stehen. Kommen sie nach dem Verb zu stehen, so steht vor dem Verb ***no*** (zweiteilige Verneinung wie im Französischen).

  Nunca viene.
  No viene nunca.
  } Er, sie, es kommt nie.

- *Ninguno, a* und *nadie* beziehen sich auf Personen. Diese Formen haben im Akkusativ die Präposition ***a*** .

  Nadie (ninguno) ha venido. **aber:** *No veo a nadie (ninguno).*

- *también* (auch) hat für die Verneinung eine Sonderform: ***tampoco***

  José no viene, Cecilia tampoco viene (no viene tampoco).
  José kommt nicht, Cecilia kommt auch nicht.

3. Gegensätze:

también	*tampoco*	auch	auch nicht
algo	*nada*	etwas	nichts
siempre	*nunca*	immer	nie
incluso	*ni siquiera*	sogar	nicht einmal
alguien	*ninguno,a / nadie*	jemand	keiner,-e / niemand

4. al + Infinitiv

Ersatz für einen temporalen Nebensatz

al despertarse = *cuando se despierta* : als er/sie aufwacht - beim Aufwachen

5. Besonderheiten bei der Verwendung von *y* (und)

e statt ***y*** für deutsch **und**

Beginnt ein Wort mit [i] Laut, i-, y- oder hi- in der Schreibung, so wird ein davor stehendes ***y*** (= und) in ***e*** verwandelt: ***e*** *ir....* ***e*** *Isabel...* ***e*** *Yvonne...*

6. Steigerung von Adjektiv und Adverb

Grundform	**Komparativ**	**Superlativ**
interesante	*más interesante*	*el, la, lo más interesante*
rápidamente	*más rápidamente*	*lo más rápidamente*
mucho	*más*	

- Adjektive werden (ähnlich wie bei der romanischen Steigerung im Englischen) mit Hilfe des Komparativs von *mucho* (= *más*, Englisch *more*) gesteigert (Komparativ).
  interesante *más interesante*

- Der Superlativ wird durch Hinzufügen des jeweiligen Artikels gebildet. Besteht kein Bezug zu einem Substantiv, wird der neutrale Artikel ***lo*** verwendet (Adverbsteigerung).

libro:		
interesante	*más interesante*	*el más interesante*
trabajar:		
rápidamente	*más rápidamente*	***lo*** *más rápidamente*
mucho	*más*	*el que más, la que más,* ***lo*** *que más*

- Statt des Artikels kann beim Superlativ auch das Possessivpronomen stehen:
  su *libro más interesante* sein/ihr interessantestes Buch

- Das Vergleichswort beim Komparativ (dt.: **als**) heißt ***que***:

  Este libro es más interesante ***que*** *ése.*

Unregelmäßige Steigerung

Außer *mucho – más* werden unregelmäßig gesteigert:

Singular	*bueno, a*	*mejor*	*el, la mejor*
Plural	*buenos, as*	*mejores*	*los, las mejores*
Singular	*malo, a*	*peor*	*el, la peor*
Plural	*malos, as*	*peores*	*los, las peores*
	bien	*mejor*	*lo mejor*
	mal	*peor*	*lo peor*

Übungen

I) *Ersetzen Sie die Substantive durch Pronomen.*
1. Los amigos compran los libros. 2. Conchita no olvida los limones. 3. La paella no gusta a Enrique. 4. La chica arregla los dormitorios. 5. El doctor ausculta al enfermo. 6. Conchita llama a su marido. 7. Conchita dice a los amigos que Enrique no ha olvidado a los amigos. 8. El médico examina los pulmones.

II) *Setzen Sie die fehlenden Pronomen ein.*
1.Conchita da a Enrique las pastillas. ....da las pastillas. ....da a Enrique.
2. Enrique escribe la carta a los amigos. ....escribe la carta. ....escribe a los amigos. 3. El médico receta el jarabe al enfermo. .....receta el jarabe. ....receta al enfermo.

III) *Vergleichen Sie.*
- grande: casa Enrique, casa Eduardo, casa José;
- trabajar: bien, mal, José, Cecilia, Conchita;
- genial: ideas de Manuel, ideas de Enrique, ideas de José;
- ser bueno: José, Enrique, Manuel;
- ser una bebida agradable: el té con limón, el café con leche, el vino;

IV) *Stellen Sie die Sätze um.*
1. Nunca ha estado en España. 2. Tampoco va a clase. 3. Ninguno ha venido. 4. Nadie lo ha comido. 5. Ni siquiera le gusta la paella.

V) *Sagen Sie das Gegenteil.*
1. *Siempre* tiene queso. 2. *Incluso* tiene coche. 3. Enrique viene *también*. 4. *Alguien* ha llamado. 5. Tengo *algo* para comer.

VI) *Übersetzen Sie:*

1. Cecilia und Isabel gehen einkaufen. In dem Laden an der Ecke sehen sie große Karotten. Kaufen sie sie? Nein, sie kaufen sie noch nicht. Zuerst wollen sie in den Supermarkt gehen. 2. Nie hat ihm dieser Joghurt geschmeckt, aber heute isst er ihn. 3. Ist noch Milch im Kühlschrank? Nein. Es ist auch keine Butter da. 4. Wie viele Kusinen hat Cecilia? Sie hat zwei. Wo wohnen sie? Sie wohnen in Barcelona, keine von ihnen wohnt in Madrid. 5. Warum geht Enrique heute nicht zur Arbeit? Weil er krank ist. Er hat Halsschmerzen und Fieber. 6. Der Arzt verschreibt ihm Tabletten gegen das Fieber. Was verschreibt er ihm gegen den Husten? Einen Sirup. 7. Niemand hat heute mit Enrique gesprochen, nicht einmal sein Chef. 8. Deine Tabletten sind besser als jene, aber sie sind auch teurer.

VII) *Diktieren Sie sich sechsstellige Zahlen (s. Lektion 7).*

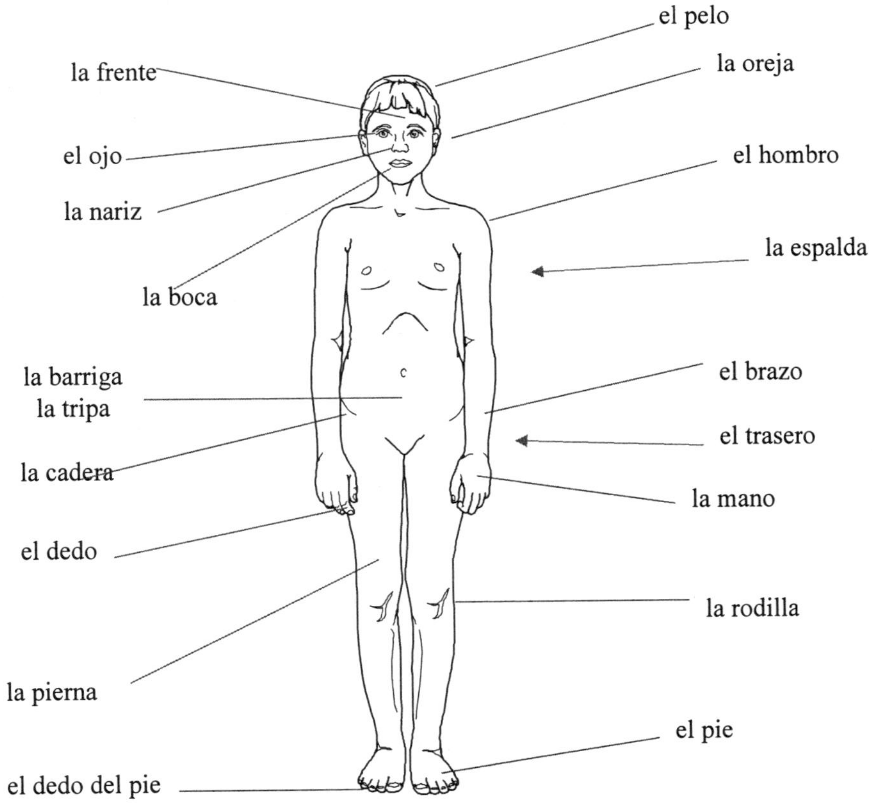

10 En la playa

Jorge y Óscar viven en Barcelona, el uno cerca de la Sagrada Familia, el otro en el Barrio Gótico. Acaban de hacer el bachillerato y ahora estudian en la universidad de su ciudad. Jorge hace la carrera de Filología Española y Óscar la de Física. Los padres de Jorge han ganado algo en la lotería y le han comprado a su hijo un coche usado. Este fin de semana los dos amigos quieren hacer la primera salida en el coche de Jorge.

Se han encontrado en un bar cerca de la Plaza de Cataluña para un desayuno rápido. Ahora Jorge está conduciendo su coche hacia el sur. Van a tomar la autopista para llegar hasta Sitges, que tiene una playa muy bonita. Como el depósito está casi vacío, Jorge para en una gasolinera y echa veinte litros de eurosuper (95 sin plomo). Comprueba también el nivel del aceite y la presión de aire en los neumáticos. En la caja paga con su tarjeta.

Ahora están en la autopista, que en España es de peaje. Como es sábado, hay mucho tráfico. Los amigos están hablando sobre sus estudios y sus profesores. De repente hay un ruido raro en el coche. Jorge sale y para en la próxima área de servicio. Se lo dice a un mecánico. Éste mira debajo del coche y constata que el escape tiene un defecto. Pero no es grave. Puede hacer la excursión y llevar el coche al taller el lunes.

Al llegar a Sitges buscan un aparcamiento. Ya hay muchos coches, pero después de buscar unos diez minutos han encontrado un hueco para el coche. Sacan sus mochilas con los bañadores, toallas y bronceadores y van a la playa. Dejan sus cosas en la arena, se quitan sus gafas de sol y van al agua para nadar. El agua está tibia y las olas son pequeñas.
Después de media hora en el agua se secan y se tienden al sol. Óscar está buscando su bronceador, pero no lo encuentra. No está. "¿Puedes prestarme tu bronceador?" dice a Jorge. El amigo se lo da. "¿Me lo devuelves?", dice Jorge. "He olvidado los hombros." Óscar se lo devuelve después de haberlo usado.
Ahora los dos chicos están tomando el sol y mirando a las chicas en sus bikinis. Cuando tienen sed y hambre, van a un chiringuito para comprar una horchata por 1,50 € y un bocadillo por 2 €. Han traído sus apuntes para trabajar algo, pero en realidad no hacen nada.

"El ambiente de la playa no es apropiado para el trabajo ¿sabes?, te lo digo siempre", constata Jorge, resignado.

10

Zusatzwortschatz

1. Auto:

el taller de reparaciones	Werkstatt
el faro	Scheinwerfer
el freno	Bremse
el acelerador	Gaspedal
el embrague	Kupplung
el maletero	Kofferraum
el motor	Motor
el intermitente	Blinker
la luz trasera	Rücklicht
la carrocería	Karosserie
el volante	Lenkrad
la velocidad	Gang
la rueda	Rad
~ de recambio	Ersatzreifen
la gasolina	Benzin
el gasoil (gasóleo)	Dieselöl

2. Strand, Wassersport

el deporte acuático	Wassersport
la caseta	Umkleidekabine
la natación	Schwimmen
el buceo	Tauchsport
el buceador	Taucher
esnorquelear	schnorcheln
navegar a vela	segeln
el velero	Segelboot
la tabla de surf	Surfbrett
practicar el surf	surfen
el colchón neumático	Luftmatraze
la gandula	Liegestuhl

Grammatik

1. Gerundium *(el gerundio)*

Bildung:

tom – ar	*com – er*	*recib – ir*
tom – ando	*com – iendo*	*recib – iendo*

- ar Verben bilden das Gerund mit der Endung – ***ando***, ***- er*** und ***- ir*** Verben mit der Endung ***- iendo***.

Verwendung:

Das Gerund entspricht weitgehend der englischen – *ing* Form. Ein Verwendungsbereich ist z.B. die Bildung der Verlaufsform (***estar*** + ***gerundio***).

Estoy trabajando.	Ich arbeite (gerade).
Estás trabajando.	Du arbeitest (gerade).
Está ~ etc....	

Die Gerundform ist **unveränderlich.**

2. Zwei Pronomen beim Verb

- **Person vor Sache** bzw. **Dativ vor Akkusativ** (anders als im Deutschen!)

me lo	*nos lo*
te lo	*os lo*
se *lo*	***se*** *lo*

- *le* und *les* vor einem mit **l** beginnenden Akkusativ Pronomen werden zu ***se***. Kommt ein Reflexivpronomen mit Personalpronomen zusammen, so steht immer zuerst das Reflexivpronomen.

el libro:	*Me lo das.*	Du gibst es mir.
el bronceador:	*Se lo presta.*	Er leiht ihn ihm / ihnen.

- Bei Infinitiv und Gerund werden normalerweise die Pronomen in der gleichen Reihenfolge angehängt (Akzent beachten !)

el libro:	*Puedes dármelo.* (auch: *Me lo puedes dar.)*	Du kannst es mir geben.
el bronceador:	*Podemos prestárselo.* (auch: *Se lo podemos prestar.*)	Wir können ihn ihm (ihnen) leihen.
el libro:	*Estoy mirándolo.* (auch: *Lo estoy mirando.)*	Ich schaue es (gerade) an.
la chica:	*Estamos mirándola.* (auch: *La estamos mirando.)*	Wir sehen sie (gerade) an.

3. *acabar de* : soeben etwas getan haben (Nahe Vergangenheit)

Acabo de comprar el coche. — Ich habe soeben das Auto gekauft.

4. Ordnungszahlen

1.	*primero, a*	6.	*sexto, a*
2.	*segundo, a*	7.	*séptimo, a*
3.	*tercero, a*	8.	*octavo, a*
4.	*cuarto, a*	9.	*noveno, a*
5.	*quinto, a*	10.	*décimo, a*

Ab 11. werden normalerweise die Grundzahlen verwendet:
El once congreso.
Der 11. Kongress.

Herrschernamen werden ebenso behandelt :
Alfonso décimo / once
Alfons X./XI.

5. *hay – estar* : da sein, sich befinden

hay wird bei unbestimmten Dingen verwendet:

Hay muchos coches.

estar wird bei bestimmten Dingen verwendet:

El coche de Jorge está en el aparcamiento.

6. Präpositionen *a* - *en*

a	:	mit Verben der Bewegung, Frage **wohin?**	*Jorge va a la playa.*
en	:	mit Verben der Ruhe, Frage **wo?**	*Jorge está en la playa.*

➢ *en* wird auch bei Verkehrsmitteln gebraucht:
ir en coche...en moto...en metro (aber: ***a*** *pie* : zu Fuß)
➢ ***Beachte:*** ***a*** *casa* : **nach** Hause ***en*** *casa* : **zu** Hause

7. Verben:

venir	***decir***	***saber***	***hacer***	***salir***
kommen	sagen	wissen, können	machen	wegfahren, hinausgehen
vengo	*digo*	*sé*	*hago*	*salgo*
vienes	*dices*	*sabes*	*haces*	*sales*
viene	*dice*	*sabe*	*hace*	*sale*
venimos	*decimos*	*sabemos*	*hacemos*	*salimos*
venís	*decís*	*sabéis*	*hacéis*	*salís*
vienen	*dicen*	*saben*	*hacen*	*salen*

- Im Gegensatz zu *poder* drückt *saber* ein geistiges Können aus:
  Sabe nadar. : Sie kann schwimmen. (weil sie es gelernt hat)
  Sabe español. : Er kann Spanisch. (weil er es gelernt hat)

- *Poder* drückt das körperliche Können und die Möglichkeit aus:
  Puede levantar la mesa. : Er kann den Tisch hoch heben. (ist stark genug)
  Puede venir. : Er/Sie kann/darf kommen. (hat Zeit)

Übungen

I) *Konjugieren Sie:*
decir la verdad, saber nadar, no hacer nada, salir por la mañana, venir de Barcelona;

II) *hay oder estar?*
1. En la esquina ... una tienda. 2. El coche ... delante de la casa. 3. En la calle ... muchos coches. 4. ¿Dónde ... tu coche? 5. Mis padres ... en Madrid. 6. En la playa ... cinco chiringuitos. 7. ¿Y cuántas casetas ...? 8. No ... muchas, solamente tres.

III) *a oder en?*
1. Vamos ... la playa. 2. Los amigos están .. casa. 3. ¿Cómo van ... la universidad? 4.¿ Van ... autobús? 5. No, van ... coche. 6. Manuel ha llegado

... España. 7. Vive ... una casa en el centro. 8. Después de las clases va ... casa.

IV) *Konjugieren Sie und ersetzen Sie die Substantive durch Pronomen (bejaht und verneint).*
dar la toalla a la amiga – recetar los comprimidos al enfermo – decir la hora (Uhrzeit) a los alumnos;

V) *Übung IV) in der Verlaufsform!*

VI) *Übung IV) in der nahen Zukunft (ir a) und der nahen Vergangenheit (acabar de).*

VII) *Übersetzung*
1. Óscar und Jorge bereiten (gerade) einen Ausflug vor. Wo werden sie hinfahren? 2. Sie werden das gebrauchte Auto von Jorge nehmen und an den Strand fahren. 3. Jorge zieht seine neuen Leinenschuhe an. 4. Jetzt sucht er seinen (Sonnen)hut. Er kann ihn nicht finden. 5. Óscar hat ihn. Er gibt ihn ihm. 6. Gibt er ihm auch die Handtücher und Badehosen? 7. Nein, er gibt sie ihm nicht, er legt sie in seinen Rucksack. 8. Um ½ 11 fahren die zwei los. 9. Um wie viel Uhr werden sie in Sitges ankommen? Um viertel nach zwölf oder um ½1. 10. Die zwei Freunde lieben den Wassersport. 11. Sie schwimmen und tauchen gern. 12. Óscar hat ein Surfbrett und surft viel. 13. Die kleine Schwester von Óscar kann auch schon schwimmen, aber heute kann sie nicht, weil sie krank ist.

VIII) *Lesen Sie die Herrschernamen:*
Juan Carlos I, Alfonso XII, Carlos V, Felipe II, Alfonso X, Carlos III, Carlos II, Fernando VII;

IX) *Lesen Sie die Jahreszahlen und schreiben Sie sie aus:*
1945, 1939, 1936, 2001, 1941, 1789, 1492, 711, 718, 732, 1588, 1572, 1898;

Sitges

11 Un viaje

Esta semana el jueves es fiesta. El viernes, los García, como muchos españoles, "hacen puente", así que tienen un fin de semana muy largo. Quieren aprovechar esta situación para ir a su segundo domicilio en Mallorca.

El jueves tienen que madrugar. El avión sale a las ocho y media y tienen que estar en Barajas, el aeropuerto de Madrid, una hora antes.
La señora García despierta a su marido y a sus hijos a las seis menos cuarto. "¡Levántate, querido! ¡Luis y Clara, levantaos enseguida!" A su marido le dice: "¡José, no olvides afeitarte!" Pero él contesta: "En una situación así, uno no se afeita, uno se lava los dientes y ya está." "No es por mí, sino por la gente", contesta su esposa. "Van a decir que eres un vagabundo. Se habla mucho de esa gente que pasa las noches en el parque."
Poco después la familia toma el desayuno. "¡Dame el café, por favor! ¡Pásame el azúcar, querida! Niños, ¡tomad la leche! ¡No comáis tan lentamente! ¡Daos prisa! ¡Amor, no fumes ahora! No tenemos tiempo."
A las seis y cuarto los García bajan la escalera con sus maletas. Van a tomar un tren de cercanías y el metro para ir a Barajas. Hay una estación muy cerca. El tren llega dentro de unos minutos. Es un tren moderno con aire acondicionado y música ambiental. Ahora están sentados en el tren.
Dice la señora García: "Es más difícil viajar con los niños, pero no me gusta ir sin ellos. Ya me conoces."
"Como tú eres tan organizada, estas cosas se pueden hacer contigo sin problema", contesta el marido. En la estación *Nuevos Ministerios* hacen transbordo y toman el metro.

Pronto llegan al aeropuerto. Bajan del metro y toman una escalera mecánica para subir al área de salidas. Buscan las taquillas de Iberia para facturar su equipaje. Afortunadamente no hay mucha gente delante de ellos. Entregan su equipaje y reciben sus tarjetas de embarque.
La empleada: "Por favor, vayan a la puerta número 12. El embarque es a las ocho."
No hay control de pasaporte porque es un vuelo nacional, pero todos los pasajeros tienen que pasar por el chequeo de seguridad. Escuchan un anuncio por los altavoces: "Pasajeros con destino a Barcelona, diríjanse a la puerta número 10. El avión está listo para el embarque. Por motivos técnicos, el vuelo Iberia 246 con destino a Palma de Mallorca tiene un retraso de aproximadamente una hora. Pasajeros para este vuelo, por favor, esperen hasta nuevo aviso."

La señora García: "Es nuestro vuelo. ¡Y para esto hemos madrugado tanto! Pero no hay remedio, hay que esperar."

Zusatzwortschatz

Verkehrswesen

los transportes	Verkehrswesen	el billete	Fahrkarte
el andén	Bahnsteig	la terminal de autobuses	Busbahnhof
la vía	Gleis		
el carril	Schiene	el autobús	Bus
el ferrocarril	Eisenbahn	el autocar	(Reise)bus
RENFE (Red Nacional de Ferrocarriles de España)	spanische Eisenbahn	el buque	Überseeschiff
		la lancha	Boot
		la bicicleta	Fahrrad
la locomotora	Lokomotive		

Grammatik

1. Der Imperativ *(el imperativo)*

Der bejahte Imperativ

	tomar	***comer***	***recibir***
tú	*toma*	*come*	*recibe*
vosotros	*tomad*	*comed*	*recibid*
nosotros	*tomemos*	*comamos*	*recibamos*
Vd.	*tome Vd.*	*coma Vd.*	*reciba Vd.*
Vds.	*tomen Vds.*	*coman Vds.*	*reciban Vds.*

Der verneinte Imperativ

tú	no tomes	no comas	no recibas
vosotros	no toméis	no comáis	no recibáis
nosotros	no tomemos	no comamos	no recibamos
Vd.	no tome Vd.	no coma Vd.	no reciba Vd.
Vds.	no tomen Vds.	no coman Vds.	no reciban Vds.

Ursprüngliche Imperative sind nur die **bejahten *tú*** und ***vosotros*** Formen. Alle anderen entstehen durch eine Änderung eines Endungsvokals. Dabei wird das **a** der **–ar** Konjugation zu **e** und das **e** bzw. **i** der ***- er*** und ***- ir*** Konjugation zu **a**.

a → e   **e , i → a**

Unregelmäßige Imperative (nur in der *tú* - Form)

	decir	***hacer***	***oír*** *(hören)*	***poner***	***salir***	***tener***	***ir***	***venir***
tú	*di*	*haz*	*oye*	*pon*	*sal*	*ten*	*ve*	*ven*
vosotros	*(decid)*	*(haced)*	*(oíd)*	*(poned)*	*(salid)*	*(tened)*	*(id)*	*(venid)*

- Beim bejahten Imperativ werden die Pronomen wie beim Infinitiv und Gerundium angehängt.
- Bei reflexiven Verben fallen das **d** der *vosotros*-Form und das **s** der *nosotros*-Form weg:

	levantad	→ *levantaos*
	levantemos	→ *levantémonos*
➢ **aber:**	*id*	→ *idos*

2. Konstruktionen für das deutsche „man“

- Reflexive Formen:

habla	er, sie, es spricht
se habla	man spricht
se venden libros	man verkauft Bücher

- Person Plural (ohne Bezug auf genanntes Substantiv):

van a decir man wird sagen

- Reflexive Verben bilden die „man“-Form mit *uno*. *Uno* kann vor oder nach dem Verb stehen.

Uno se afeita.
Se afeita uno. } Man rasiert sich.

3. Personalpronomen nach Präpositionen

en, *sin*, *para*, etc... } *mí*, *ti*, *él, ella, Vd.*, *nosotros*, *vosotros*, *ellos, ellas, Vds.*

- Nur die 1. und 2. Person Singular unterscheiden sich von den Personalpronomen im Nominativ.
- Bei der Präposition ***con*** gibt es die Sonderformen ***conmigo, contigo, consigo***
- Das Reflexivpronomen *se* wird bei Präpositionen zu ***sí***:
  Piensa(n) siempre en sí. : Er (Sie) denkt (denken) immer an sich.

4. Präpositionen *para* und *por*

para

- Zielvorstellung: *Lo hace para ayudar.* (Ziel, Absicht)
- Bestimmung: *Lo compra para él.* (für ihn bestimmt)
- persönliche Meinung: *Para mí es un vagabundo.* (persönliche Meinung)

por

▪ Zeitangaben:	*por la mañana*	morgens
	por un año	für ein Jahr
▪ Preisangabe:	*comprar por 5 euros*	für 5 Euro einkaufen
▪ Bewegung in einem Ort:	*ir por la ciudad*	in der Stadt herum laufen
▪ an Stelle von:	*lo compra por él*	(an seiner Stelle)
▪ Verursacher beim Passiv:	(siehe Lektion 20)	

➢ **Merke:** *por mí, él* meinetwegen, seinetwegen

5. Verbengruppe *-zc-*

conocer (zc)	***conducir (zc)***
conozco	***conduzco***
conoces	*conduces*
conoce	*conduce*
conocemos	*conducimos*
conocéis	*conducís*
conocen	*conducen*

Verschiedene Verben mit den Endungen *–ocer, -ducir, -acer* und *–ecer* bilden die 1. Person Singular auf *–**zco***. Sie werden in Wörterbüchern entsprechend gekennzeichnet.

Übungen

I) *Bilden Sie alle Imperative (bejaht und verneint) und ersetzen Sie die Substantive durch Pronomen.*
tomar la escalera mecánica, dar el libro al profesor, entregar las maletas a la empleada, afeitarse en el baño, hablar mucho del viaje, preparar las maletas con la esposa;

II) *Sagen Sie die Sätze in der neutralen „man"-Form.*
1. José habla mucho de Madrid. 2. Cecilia se despierta tarde. 3. María piensa mucho en Madrid. 4. José y Jorge no se afeitan el domingo. 5. Los niños se levantan a las ocho.

III) *por – para: Setzen Sie die entsprechende Präposition ein.*
1.... la tarde solemos ir a la playa. 2. José no tiene tiempo. Lo hago ... él. 3. ... mí es un día muy bueno. 4. Mira este reloj de pulsera. Lo he comprado ... 20 €. 5. Después de visitar la Sagrada Familia tenemos tiempo ... ir .. la ciudad 6. He comprado un poncho chileno.Es un regalo....Manuel. 7.¿Quieres ir a la playa? ... mí puedes ir, no te necesito ... la tarde.

IV) *Konjugieren Sie (Indikativ Präsens):*
conducir bien, conocer la playa de Sitges;

V) *Wiederholung: Rollenspiel*
- Kaufen Sie im Lebensmittelgeschäft ein. - Essen Sie zu Mittag in einem Restaurant.

VI) *Wiederholung: Zahlen*
Lesen Sie die Preisangaben und schreiben Sie sie aus:
125 346 pesos (*m*), 555 432 £ (la libra), 787 901 €, 484 363 soles (*m*; Währung von Peru), 200 989 $ (el dólar), 387 414 coronas (*f; Kronen*), 712 017 pesos;

VII) *Übersetzen Sie:*
1. Ich kenne Mallorca nicht sehr gut. In den Ferien fahre ich normalerweise an die Costa Brava. 2. Dort ist die Sonnencreme. Gib sie mir! 3. Am Sonntag steht man später auf als am Montag. 4. Auf dem Bahnsteig sind viele Leute. Cecilia und Pilar sind auch dort. Wen erwarten sie? Sie warten auf ihre Freunde Óscar und Jorge. 5. Enrique schmerzen die Ohren. Er muss zum Arzt gehen. Dieser schreibt ihm Tabletten auf. 6. Schreibe mir eine Postkarte! Vergiss mich nicht! Denk an deine Mutter! 7. José hat einen Gebrauchtwagen gekauft. Der Kofferraum ist ziemlich groß. Er öffnet ihn für seine Freunde. 8. In der Tankstelle überprüft José den Reifendruck und den Ölstand. Er tankt auch 20 Liter Super Bleifrei. 9. Garcías haben ein neues Haus gekauft. Es hat einen Balkon und einen sehr hübschen Garten mit einigen Bäumen und Sträuchern vor dem Zaun. Es gibt auch Blumen. 10. Beim Fenster ist ein Kugelschreiber. Gib ihn mir! – Muss ich ihn dir geben? – Ja, du musst ihn mir geben.

Palma de Mallorca: Catedral

12 En Mallorca

Los García acaban de llegar al aeropuerto de Palma de Mallorca. Han tomado un taxi para ir a su piso, que está en un edificio grande cerca de la playa. El taxi para delante de la casa y el taxista saca el equipaje del maletero.
El señor García pregunta : "¿Qué le debemos?"
El taxista: "Son nueve euros cincuenta."
El señor García le da un billete de diez euros y dice: "¡Quédese con la vuelta!"
A los taxistas se les suele dar una propina. El taxista le da un recibo al señor García y se va.

La señora García: "Miguel, ¿quieres que haga la compra para el almuerzo antes de que subamos?"
El señor García: "Muy bien, no olvides las aceitunas para el aperitivo y una buena botella de vino tinto. Mientras tanto yo subo con los niños."
El señor García llama el ascensor y dice a los niños: "Cuando llegue el ascensor tenéis que ayudarme con estas bolsas."
Suben al quinto piso. El señor García saca la llave y abre. Los niños parecen muy contentos y enseguida abren la puerta del balcón. ¡Qué vista más bella!
El señor García: "Me alegro de que os guste esta casa. No creo que haya un sitio mejor para disfrutar de la playa."
Los niños no se quedan mucho tiempo en el piso, bajan a la playa a jugar. Ya hay muchos niños y es muy probable que encuentren amigos.
"¡Cuánto tiempo he buscado una casa que tenga todo esto: vista sobre el mar, playa delante de la casa, tranquilidad...", piensa el señor García mientras está esperando a su esposa. "Es posible que haya mucha gente en la tienda."

Por fin Pilar llega con cuatro bolsas de plástico.
La señora García: "Mira, aquí te traigo tus aceitunas y un Rioja muy bueno. Ahora voy a preparar algo para almorzar. ¿Dónde están los niños?"
El señor García: "Están en la playa desde las once. Han salido hace ya más de veinte minutos, o sea están abajo desde hace bastante tiempo."

Después del almuerzo los García hacen proyectos para el viernes y para el sábado. "¿Quieres que vayamos otra vez a Valdemossa para ver el lugar de Chopin y de Georges Sand?", pregunta el señor García.
La señora García: "Lo hemos visitado tantas veces que ya no quiero ir allí. ¿Por qué no vamos a Deia? Allí podemos dar un paseo por el bosque hasta Sóller ¿Quieres que pregunte por el horario de autobuses?"
El señor García: "¿Crees que a los niños les va a gustar esta idea?"
La señora García: "No sé; si no, hay que convencerles."
Por la tarde toda la familia va a la playa. Mamá está leyendo una novela de Juan Marsé, papá está haciendo crucigramas y los niños están construyendo castillos de arena.

¡Qué lejos está Madrid!

Zusatzwortschatz

Bäume, Sträucher:

el roble	Eiche
el pino	Pinie, Föhre
el abeto	Fichte, Tanne
el haya (*f*)	Buche
la zarza	Brombeerstrauch
la mora	Brombeere
el arándano	Blaubeere

Foto:

la cámara fotográfica	Fotoapparat
la cámara digital	Digitalkamera
la cámara de vídeo	Videokamera
la película	Film
la diapositiva	Dia
revelar	(Film) entwickeln
la copia	Bild, Abzug
sacar fotos	Fotos machen

Grammatik

1. Konjunktiv Präsens (*el subjuntivo de presente)*

Bildung: a → e e, i → a

(vgl.: Imperativ)

tomar	***comer***	***vivir***	***cerrar (ie)*** -	***encontrar (ue)***	***tener***
- tomo	*- como*	*- vivo*	*cierro*	*- encuentro*	*- tengo*
tome	*coma*	*viva*	*cierre*	*encuentre*	*tenga*
tomes	*comas*	*vivas*	*cierres*	*encuentres*	*tengas*
tome	*coma*	*viva*	*cierre*	*encuentre*	*tenga*
tomemos	*comamos*	*vivamos*	*cerremos*	*encontremos*	*tengamos*
toméis	*comáis*	*viváis*	*cerréis*	*encontréis*	*tengáis*
tomen	*coman*	*vivan*	*cierren*	*encuentren*	*tengan*

Unregelmäßige Formen:

haber	***ir***	***dar***	***saber***	***ser***	***estar***
haya	*vaya*	*dé*	*sepa*	*sea*	*esté*
hayas	*vayas*	*des*	*sepas*	*seas*	*estés*
haya	*vaya*	*dé*	*sepa*	*sea*	*esté*
hayamos	*vayamos*	*demos*	*sepamos*	*seamos*	*estemos*
hayáis	*vayáis*	*deis*	*sepáis*	*seáis*	*estéis*
hayan	*vayan*	*den*	*sepan*	*sean*	*estén*

- Der ***subjuntivo de presente*** wird von der 1. Person Singular Indikativ Präsens abgeleitet. Dabei bekommen die - *ar* Verben den Endungsvokal **e** und die - *er* und - *ir* Verben den Endungsvokal **a**. Stamm- und endungsbetonte Verben (*ie*, *ue*) sind zu behandeln wie im Indikativ Präsens.

- Mit den Formen von *haber* + Partizip Perfekt bildet man den ***subjuntivo de perfecto*** (bei abgeschlossenen, vergangenen Handlungen mit Bezug zur Gegenwart. vgl.: Lektion 7).

Verwendung:

Der ***subjuntivo de presente*** entspricht in keiner Weise dem deutschen Konjunktiv. Er hat seine eigenen Gesetzmäßigkeiten und steht in folgenden Situationen:

a) als Imperativ (außer bejaht für die Personen **du** und **ihr**) z. B.:

toma	*no tomes*
tomad	*no toméis*
tome Vd.	*no tome Vd.*
tomen Vds.	*no tomen Vds.*
tomemos	*no tomemos*

b) im Nebensatz nach Verben des Wünschens wie *querer, desear, decir* (als Aufforderung)
¿Quieres que haga la compra? *¡Dile que venga!*

c) im Nebensatz nach Verben der Gefühlsanteilnahme wie

alegrarse de que	= sich freuen	*Me alegro de que os guste la casa.*
sentir que	= leid tun	*Siento que haga mal tiempo.*
esperar que	= hoffen	*Esperamos que venga.*

Bei *esperar* kann auch der Indikativ stehen, wenn nicht das Hoffnungs- (Wunsch)gefühl im Vordergrund steht.

d) im Nebensatz nach Verben des Zweifelns (oft Verben des Meinens und Denkens, wenn sie verneint gebraucht werden).
No creo que venga.
➢ **aber:** *Creo que viene, ... que va a venir*

e) nach bestimmten Konjunktionen:

para que	=	damit	*para que sepas*	damit du weißt
sin que	=	ohne dass	*sin que diga nada*	ohne dass er etwas sagt
antes de que	=	bevor	*antes de que hables*	bevor du sprichst
hasta que	=	bis	*hasta que vengas*	bis du kommst
cuando = wenn und *mientras* = solange (in einem Futurzusammenhang)				
cuando viene	=	(immer) wenn er kommt		(Präsenskontext)
cuando venga	=	(dann) wenn er kommt		(Futurkontext)
mientras fuma	=	während sie raucht		(Präsenskontext)
mientras fume	=	solange sie raucht		(Futurkontext)

f) in einem Relativsatz, der einen Wunsch beinhaltet:
¡Cuánto tiempo he buscado una casa, que tenga todo eso!

g) nach unpersönlichen Ausdrücken (immer mit ***ser***, niemals mit ***estar***)
Es muy probable que encuentren a algunos amigos.
Es posible que haya mucha gente

2. Zeitangaben: seit – vor

seit:	***desde*** *las ocho*	→ Zeitpunkt	(vgl.: Engl. *since*)
seit:	***hace*** *cuatro horas* ***que***	→ Zeitspanne	(vgl.: Engl. *for*)
	desde hace *cuatro horas*		
vor:	***hace*** *dos horas*		(vgl.: Engl. *ago*)

3. Verben:

oír	***traer***	***caer***	***caber***
(hören)	(herbringen)	(fallen)	(hineinpassen)
oigo	*traigo*	*caigo*	*quepo*
oyes	*traes*	*caes*	*cabes*
oye	*trae*	*cae*	*cabe*
oímos	*traemos*	*caemos*	*cabemos*
oís	*traéis*	*caéis*	*cabéis*
oyen	*traen*	*caen*	*caben*

4. Unbetonter [i] Laut

oír	:	*oyes, oye, oyen*
leer	:	*leyendo*
construir	:	*construyendo*

Unbetonter [**i**] Laut zwischen Vokalen wird als **y** geschrieben.

5. *más de*

Bei Zahlenangaben steht bei *más* nicht ***que*** sondern ***de***: *más de veinte minutos*

Übungen

I) *Bilden Sie Sätze. Beispiel: tomar un té: Quiero que tomes un té. Queremos que toméis un té.*
ir a la playa, hacer la compra, venir a la fiesta, leer la novela de Marsé, no olvidar el bronceador, no conducir más de dos horas, ponerse el gorro, quitarse la bufanda, llevar el traje nuevo;

II) *Ersetzen Sie die Substantive durch Pronomina und bilden sie den Imperativ (bejaht und verneint). Beispiel: dar el billete al taxista; déselo – no se lo dé; dénselo – no se lo den;*
dar la propina al camarero, entregar la tarjeta de embarque a la empleada, subir las maletas al quinto piso, hacer la compra, preguntar a la empleada por el horario, escuchar la música;

III) *Beispiel: estar en la playa; ¿Crees que están en la playa? – No, no creo que estén en la playa.*
jugar en la arena, haber llamado un taxi, hacer la excursión, afeitarse esta mañana, ir a la oficina, conducir bien, poner la mesa, caber todos, traer los bañadores, echar gasolina antes de salir, parar en el área de servicio;

IV) *Beispiel: Es posible – estar en el bar – (él) – Es posible que esté en el bar.*
haber olvidado su bronceador - (ella), traer el colchón neumático – (ellos), comprobar los frenos – (él), doler las piernas – (a él), recetar un jarabe – (a ella);

V) *Übersetzung*
1. Garcías passen alle in das Taxi, auch die Koffer passen in den Kofferraum. 2.Wenn du in Palma bist, vergiss nicht deine Mutter anzurufen, damit sie beruhigt (= ruhig) ist. 3. Seit fünf vor halb sechs warten wir vor dem Haus. Aber es kommt niemand. 4. Herr García sucht eine Wohnung, die nahe am Strand ist, und die einen Balkon mit Meeresblick hat. 5. „Solange Sie rauchen, kann ich Ihnen nicht helfen", sagt der Arzt, nachdem er den Kranken untersucht hat. 6. Kauf dir ein belegtes Brot und eine Flasche Bier bevor du den Zug nimmst. Die Reise nach Madrid ist lang. 7. Enrique hat den Wagen in die Werkstatt gebracht, damit der Mechaniker die Bremsen überprüft.

VI) *Wiederholung*
- Beschreiben Sie, wie Sie sich morgens anziehen, bevor Sie weg gehen: Primero me pongo..., luego...
- Schreiben Sie die folgenden Beträge für Schecks aus:
  Euro: 778 351, 834 123, 1 989 119, 2 001 001, 111 217, 504 909, 431 191, 825 100;
- Sie sind erkältet. Kaufen Sie Medizin in einer Apotheke ein.

13 Semana Santa en Murcia

Todavía media hora y el avión va a aterrizar en el aeropuerto de Murcia. Ha despegado puntualmente en Barajas a las 16.35. Durante el vuelo no ha habido turbulencias de importancia. El señor Hurtado viaja solo. Va a pasar la Semana Santa con su novia y con la familia de ella. Lolita es murciana y está orgullosa de las procesiones de su ciudad.

De repente se oye la voz de una azafata: "Señores pasajeros, les rogamos que vuelvan a sus sitios, abróchense los cinturones y pongan los respaldos de sus asientos en posición vertical. Dentro de pocos minutos vamos a aterrizar."
El piloto ya ha disminuido la velocidad; el avión pasa a través de una capa de nubes y se acerca al aeropuerto. Sólo faltan pocos metros de altitud.Ya está. Las ruedas del avión han tocado el asfalto de la pista de aterrizaje con un pequeño choque. Se oye la voz de la misma azafata: "Señores pasajeros, bienvenidos a Murcia. Les rogamos que se mantengan sentados hasta que el avión haya alcanzado su posición final y se detenga completamente."

El señor Hurtado todavía tiene que recoger su maleta en la sala de entrega de equipajes. ¡Mira, allí viene su maleta negra en la cinta mecánica!

En la salida Lolita y sus padres le esperan con el coche. "Hola, Diego, por fin has venido a Murcia", dice Lolita sonriendo. "Ya vas a ver, la provincia tiene también algo que ofrecer."

Al llegar a casa, Lolita prepara una pequeña merienda. La mesa ya está puesta. Como Diego todavía no ha visto la casa, la madre se la enseña.

"¿Has hecho planes para la semana?", pregunta Lolita. "No, sólo quiero ver alguna de las procesiones con los famosos pasos de Salzillo", contesta Diego.
"Bueno, mañana, Domingo de Ramos, todavía no hay procesión. Pero el Jueves Santo, y, sobre todo, el Viernes Santo hay procesiones con los pasos y con muchos penitentes con su indumentaria tradicional."

En ese momento entra la madre de Lolita: "¡Qué pareja más bonita hacéis! ¿Queréis que os saque una foto?"
"Sí, ¡sácanos una! ¡Otra!, por si acaso", dice Lolita.
Ni ella ni sus padres quieren perderse este momento de la primera visita de Diego a su casa.

Después de la merienda Diego va a su habitación para buscar los regalos que ha traído. Cuando abre la maleta, se da cuenta de que uno de los vasos está roto. ¡Qué lástima! "Bueno, por ahora somos cuatro y, en este caso, cinco vasos son más que suficiente", piensa dirigiéndose a la sala de estar donde le esperan los otros.

Zusatzwortschatz
Fiestas en España

Navidad(es) *f pl*	Weihnachten	el turrón	typische Süßigkeit zur Weihnachtszeit
la Noche Buena	Hl. Abend		
el belén	Krippe	Pascua (de Resurrección)	Ostern
la Misa de Gallo	Christmette		
el árbol de Navidad	Christbaum	lunes de Pascua	Ostermontag
los Reyes Magos	die Hl. Drei Könige	día del Corpus	Fronleichnam
Noche Vieja *f*	Silvester	Pentecostés *m*	Pfingsten
Año Nuevo *m*	Neujahr		
¡Felices Pascuas y un próspero Año Nuevo!	Frohe Weihnachten und ein gutes neues Jahr!		

Grammatik

1. Unregelmäßige Partizip Perfekt Formen

ver	*visto*	escribir	*escrito*
poner	*puesto*	decir	*dicho*
romper (brechen)	*roto*	volver	*vuelto*
abrir	*abierto*	hacer	*hecho*
cubrir (bedecken)	*cubierto*	morir (sterben)	*muerto*

2. Besonderheiten bei Perfektendungen

traer : *traído*, *leer* : *leído*, *disminuir* : *disminuido*

Die Endung *–ido* muss immer klar erkennbar sein; das **i** darf nicht als schwacher Teil eines Diphtongs stehen. In diesem Fall bekommt das **i** einen Akzent: **í.** Bei dem Diphtong **ui** ist das **i** der Tonträger, also steht hier kein Akzent.

3. Gerund zur Verkürzung von Nebensätzen

- *...dice Lolita sonriendo.* ...sagt Lolita und lächelt. (wobei sie lächelt)
- *...dice Diego dirigiéndose a la sala de estar.* ...sagt Diego, indem er zum Wohnzimmer geht.
  (vgl.: Engl. *–ing* Form)

4. *ni ... ni* weder ... noch

- *Ni ella ni sus padres quieren perderse el momento.* Weder sie noch ihre Eltern....
- ***No** quieren perderse el momento ni ella ni sus padres.*
  Steht die Konstruktion ni...ni... nach dem Verb, so steht vor dem Verb ***no***.
  (vgl. Gebrauch von *nadie, tampoco* etc.)

5. Orthographische Besonderheiten:

- c : qu : z

Wenn ein **c** vor **e**, **i** zu stehen kommt und die Aussprache [**k**] erklingen soll, schreibt man **qu** statt **c**. (Für die jeweilige Aussprache ist beim Verb der Infinitiv zuständig.)
sacar [k], also ***saque***, ***saques***,...etc.
Für den [**θ**] Laut gilt: **c** vor **e**, **i**
z vor **a**, **o**, **u**
z darf nicht vor **e**, **i** stehen → *empezar* : *¡empiece Vd.!*

- g: j

Wenn ein **g** vor **a**, **o**, **u** zu stehen kommt und die Aussprache [**x**] erklingen soll, schreibt man **j** statt **g**. (Für die jeweilige Aussprache ist der Infinitiv eines Verbs zuständig.)
dirigirse [**x**], also *dirígete, diríjase, diríjanse*,...etc.

- g : gu

Wenn ein **g** vor **e**, **i** zu stehen kommt und die Aussprache [**g**] erklingen soll, fügt man nach dem **g** ein **u** ein, das als solches nicht gesprochen wird. (Für die jeweilige Aussprache ist beim Verb der Infinitiv zuständig.)
pagar [**g**], also ***pague***, ***pagues***, ...etc.

Übungen

I) *Verbinden Sie die beiden Sätze mit einer Gerundkonstruktion.*
1. "Son las 8", dice Diego y mira su reloj de pulsera. 2. Diego habla de sus planes. Espera que haya una procesión. 3. Lo hace. Cree que es la mejor solución. 4. Diego gana mucho dinero. Trabaja en un banco. 5. Óscar echa gasolina. Piensa en su novia. 6. Jorge lee sus apuntes. Mira a las chicas. 7. Cecilia espera a su amiga. Lee una novela. 8. Manuel va a la universidad. Escucha un CD. 9. Pilar escribe una carta. Mira a los niños en la calle.

II) *Setzen Sie die entsprechende Form ein.*
1. Quiero que (sacar, tú) una foto. 2. ¿Quieres que (sacar, nosotros) las fotos? 3. Sí, ¡(sacar, vosotros) las! 4. Señor Hurtado, por favor, ¡ (sacar) esta foto! 5. Señor Hurtado, por favor, ¡(dirigirse) a la puerta número 12! 6. ¿Has oído, Diego? ¡(dirigirse) a esta puerta! 7. ¿Quiere Vd. que yo (pagar) la cuenta?. 8. Sí, ¡(pagar) la Vd.! 9. ¡(empezar, nosotros) a trabajar! 10. ¡ (empezar, Vds.) con su trabajo por la tarde!

III) *Übersetzung*
1. Diego hat noch keinen Brief an seine Eltern geschrieben. Er ist so glücklich mit seiner Freundin. 2. Die Tür ist offen. Wer hat sie geöffnet? 3. Jorge ist von der Uni zurückgekommen. Er hat Óscar mitgebracht. 4. Cecilia hat den Tisch gedeckt, dann hat sie ihren Roman gelesen. Jetzt können die Freunde kommen. 5. Hast du nicht gesagt, ich solle (!) Juan mitbringen?

6. Weder Cecilia noch Pilar haben den neuen Film gesehen. 7. Was hat Manuel heute Morgen gemacht? Er ist in die Uni gegangen und ist noch nicht zurück gekommen. Er wird bald kommen. 8. Eine Stewardess hat gesagt, dass wir uns anschnallen sollen! Hast du nicht gehört? 9. Der Pilot hat die Geschwindigkeit verringert. Das Flugzeug wird bald landen. 10. Der Tisch ist mit Büchern bedeckt. Der Professor hat gesagt, wir sollen (!) viel lesen.

IV) *Wiederholung: Rollenspiel*
- Frühstücken Sie in einer Bar. – Kaufen Sie Lebensmittel ein.

V) *Wiederholung: Zahlen*
Diktieren Sie sich gegenseitig 6-stellige Zahlen (auch ausschreiben).

14 En la oficina

Después de una semana de vacaciones el señor Hurtado está otra vez en su oficina. Es abogado y trabaja en un bufete junto con tres compañeros de estudios. Los cuatro hicieron la carrera de derecho en la Universidad de Deusto en Bilbao. Se graduaron hace cinco años y se han quedado juntos.

Hoy Diego es el primero en llegar a la oficina. Poco después llega Ramón.

"¡Hola, Ramón!, ¿Qué tal? ¿Cómo has pasado la Semana Santa?"

"Bueno, fui a Granada para esquiar en la Sierra Nevada. Fui en el AVE desde Atocha hasta Córdoba. Allí visité primero a mis tíos y aproveché la ocasión para visitar de nuevo la Mezquita y el centro histórico de la ciudad. Como mi tío es riquísimo y tiene varios coches, me ofreció uno para ir a Granada. Allí vive mi hermana Isabel con su familia, ya lo sabes. Tienen una casa bastante grande, así que estuve con ellos toda la semana. Hicimos muchas cosas juntos. Ellos tampoco trabajaron durante la Semana Santa. El primer día, o sea, el lunes, fuimos a una estación de esquí. Alquilamos los equipos de esquí y subimos en un teleférico hasta tres mil metros. Esquiamos todo el día, comimos unos bocadillos en un quiosco y bebimos un té caliente. Cansadísimos volvimos a la casa de Isabel a las cinco de la tarde para descansar.
Luego, a eso de las ocho, salimos para ir de bares y finalmente cenamos en un buen restaurante. ¡Un día muy bien aprovechado¡ ¿no te parece?"

"Sí, estupendo, ¿y qué hiciste los otros días?"

"Bueno, el martes visitamos la ciudad, pasamos toda la mañana en la Alhambra y en los jardines del Generalife. En esta época del año ¿sabes? es una maravilla: ¡tantas flores y muchísimos árboles en flor! Almorzamos en un restaurante cerca de la catedral. Luego entramos en la catedral, sobre todo, para ver la capilla real, donde están enterrados los Reyes Católicos Fernando e Isabel. A las siete y media de la tarde hubo un concierto en el palacio de Carlos V. Un coro con solistas y una orquesta de Alemania interpretaron la Pasión según Mateo de Bach."

"¿Así que te gusta la música clásica?"
"Sí, muchísimo."
"¿Fuiste también a ver las procesiones del Jueves Santo y del Viernes Santo?"
"Claro que sí. Granada tiene pasos muy importantes y una Semana Santa, igual no tan famosa como las de Sevilla y de Valladolid, pero muy impresionante. – Bueno, Diego, yo ya te he contado mucho. Y tú, ¿cómo has pasado la Semana Santa? ¿Dónde estuviste?"

En este momento la secretaria entra: "Disculpen, ha llegado un cliente."

El señor Hurtado: "¡Dígale que entre!"
(a Ramón) "Luego, cuando almorcemos, te cuento mis vivencias."

Zusatzwortschatz

el deporte de invierno	**Wintersport**		
el anorak	Anorak	la nieve	Schnee
los guantes	Handschuhe	nevar (ie)	schneien
el descenso	Abfahrtslauf	el hielo	Eis
el esquí de fondo	Langlauf	helar (ie)	gefrieren
el patinaje sobre hielo	Eislaufen	ir en trineo	rodeln
el patín	Schlittschuh	el trineo	Schlitten
patinar sobre hielo	~ laufen	la pista de trineos	Rodelbahn
		el muñeco de nieve	Schneemann

Grammatik

1. Das *pretérito indefinido* bzw. *pretérito perfecto simple*

Bildung:

a) Regelmäßige Verben

tom – ar	***com - er***	***recib - ir***
tomé	*comí*	*recibí*
tomaste	*comiste*	*recibiste*
tomó	*comió*	*recibió*
tomamos	*comimos*	*recibimos*
tomasteis	*comisteis*	*recibisteis*
tomaron	*comieron*	*recibieron*

b) Unregelmäßige Verben

hacer	***estar***	***ser / ir***	***hay***
hice	*estuve*	*fui*	*hubo*
hiciste	*estuviste*	*fuiste*	
hizo	*estuvo*	*fue*	
hicimos	*estuvimos*	*fuimos*	
hicisteis	*estuvisteis*	*fuisteis*	
hicieron	*estuvieron*	*fueron*	

(weitere unregelmäßige Verben: siehe Lektion 15)

Das ***pretérito indefinido*** wird vom Infinitiv gebildet. Dabei haben - *er* und - *ir* Konjugation die gleichen Endungen. Die 1. Person Plural bei - *ar* und - *ir* Verben ist gleichlautend wie die entsprechende Form im Indikativ Präsens; aus dem Zusammenhang ergibt sich die jeweilige Bedeutung.
Viele Verben haben eine unregelmäßig Bildung. Das *pretérito indefinido* von *ser* und *ir* ist gleichlautend. Auch hier ergibt sich aus dem Zusammenhang, welches Verb gemeint ist.

Bedeutung bzw. Verwendung:

Das ***pretérito indefinido*** ist eine Zeitform der 1. Vergangenheit. Es drückt **einmalige, abgeschlossene** Handlungen in der Vergangenheit aus. Im Gegensatz zum *pretérito perfecto* (vgl.: Lektion 7) hat das *pretérito indefinido* **keinen** Bezug zur Gegenwart. Es ist die normale Erzählzeit von vergangenen Geschehnissen (vgl.: Engl. *past tense*). Was passierte letzte Woche, letztes Jahr etc...?

2. Absoluter Superlativ *–ísimo, a*

Ähnlich wie im Italienischen (*bravissimo*) können auch im Spanischen Adjektive und Adverbien mit der Nachsilbe - *ísimo, a* (Akzent, kein Doppel-s!) versehen werden.

mucho	viel	*muchísimo*	sehr viel
cansado	müde	*cansadísimo*	todmüde
rico	reich	*riquísimo*	steinreich

Das Deutsche kennt diese Formen nicht. Sie werden entweder mit „äußerst" oder einer bildhaften Wendung (todmüde, steinreich, wahnsinnig müde) wiedergegeben.

Übungen

I) *Erzählen Sie, was Diego seinem Freund beim Mittagessen berichtet:*
Yo fui a Murcia porque mi novia vive allí. Fui en avión desde Barajas....

II) *Erzählen Sie einen Tagesablauf:*
El lunes de la semana pasada me desperté a las....

III) *Fragen und Antworten nach dem Beispiel: ¿A qué hora?*
A: ¿A qué hora te depertaste? B: Me desperté a las seis y media.
A:............ B:....................

IV) *Die gleiche Übung wie III) im Plural.*
A: ¿A qué hora os despertasteis? B: Nos despertamos a las seis y media.
A:............... B:................

V) *Sie verkaufen Häuser zu folgenden Preisen: Beispiel:*
Esta casa vale 231 500 €, aquélla es más cara, vale 255 799 €.
563 125 / 599 183; 328 144 / 344 293; 484 848 / 521 152;
189 499 / 201 101; 701 344 / 747 201; 211 321 / 219 492;

VI) *Übersetzung*

1. Letzte Woche fuhr Diego nach Murcia. Er besuchte seine Freundin, die dort seit vielen Jahren wohnt. 2. Wo warst du am Karfreitag? Ich war in Sevilla um die Prozessionen zu sehen. Warst du schon in Sevilla? Ja, ich war 1998 dort. 3. In den Weihnachtsferien fuhr Enrique in die Sierra Nevada zum Skifahren. Es war das erste Mal. 4. Hast du schon deinen Eltern geschrieben? Ja, ich schrieb ihnen einen langen Brief vor ein paar Tagen. 5. Hast du in Granada Fotos gemacht? Ja, ich habe sehr viele Fotos gemacht, auch Dias. 6. Ramón fuhr zuerst nach Córdoba, dann nach Granada. Er nahm den Lift um eine schöne Abfahrt zu machen. 7. Machte er auch Langlauf? Ich glaube nicht, dass ihm dieser Wintersport gefällt. 8. Die Kinder fuhren den ganzen Tag Schlitten. Der Schnee gefällt ihnen so sehr. Sie haben sogar einen Schneemann gebaut. 9. Hast du schon die Altstadt besichtigt? Ja, ich habe sie bereits am Dienstag besichtigt. Heute Nachmittag werde ich Schlittschuh laufen. Vergiss aber die Handschuhe nicht.

Ávila: Semana Santa

15 Diez años después

La semana pasada los antiguos compañeros de estudios de la promoción del año 1999 se reunieron en Segovia para celebrar el décimo aniversario de su graduación. Escogieron esta ciudad porque es muy bonita y bastante central, así que pudieron venir casi todos. Incluso vino Sergio, que vive ahora en Argentina.
Los amigos se reunieron a las diez de la mañana. Quisieron dar una vuelta por la ciudad y visitar el famoso acueducto, la catedral y el alcázar. Muchos trajeron sus cámaras de vídeo o cámaras para documentar ese día excepcional. A las diez y media se pusieron en marcha.

Al llegar al acueducto Cecilia dijo: "¿Por qué no sacamos una foto aquí?"
Un turista japonés se ofreció de fotógrafo. "¡Un poco más juntos, para que quepan todos!", dijo sonriendo.
Se acercaron un poco más el uno al otro y finalmente todos cupieron en la foto. Cuando el japonés devolvió la cámara a Cecilia, ella dijo: "Muchísimas gracias, es Vd. muy amable."

Durante el paseo por la ciudad pudieron hablar mucho de sus años de estudios.
- ¿Te acuerdas del día que llegamos a la primera clase del profesor Molinero?
- Desde luego, estábamos muy nerviosos. ¿Sabes que ese profesor tan exigente se murió hace dos años? Lo supe anteayer. Me lo dijo Fernando, pues, ya sabes, su padre trabaja en la universidad.
- ¿Sabes que Elena y Ricardo, esos dos enamorados, se casaron poco después de graduarse? Se fueron a Chile para trabajar en una empresa en Valparaíso. Todavía están allí, pero ya no viven juntos, están divorciados.
- ¿Has oído algo de Rigoberto?
- No, la verdad es que vive muy retirado. Tiene una casa en el campo cerca de La Coruña. Es lo único que sé.

A las dos y media terminaron la visita y todos se fueron en dos minibuses a un restaurante cerca de la ciudad para comer la especialidad de Segovia, el bien conocido cochinillo asado. Les gustó mucho. Tomaron también unos vinos buenos, sólo Manuel e Isabel no bebieron alcohol. Ellos condujeron los minibuses a la ciudad después del almuerzo.

En la plaza de la catedral los amigos se despidieron.
- ¿Cuándo regresas a Argentina, Sergio?
- Pasado mañana, o sea, el lunes. Mañana me quedo con mi primo en Madrid.
- ¿Cuánto cuesta el billete de avión?
- Es muy caro, casi mil cuatrocientos dólares.

- Bueno, adiós a todos, hasta el próximo encuentro en 2019.

Zusatzwortschatz

Universidades	**Hochschulwesen**	
Bereiche:	la facultad	Fakultät 5-jähriger Studiengang
	la escuela universitaria	3-jähriger Studiengang
Abschlüsse:	la licenciatura	Abschluss nach 5 Jahren
	la diplomatura	Abschluss nach 3 Jahren
	el posgrado	postgraduiertes Studium
	la maestría, el máster	Master
	el doctorado	Promotion

Studiengänge:

Economía *f*	Wirtschaft	(P) Sicología *f*	Psychologie
Ciencias Empresariales *f/pl*	Betriebswirtschaft	Sociología *f*	Sozialwissenschaften
		Historia *f*	Geschichte
Teología *f*	Theologie	Arte *m*	Kunst
Medicina *f*	Medizin	Geografía *f*	Geographie
Pedagogía *f*	Pädagogik		

Zeitangaben:

anteayer	vorgestern	mañana	morgen
ayer	gestern	pasado mañana	übermorgen
hoy	heute	anoche	gestern Abend
		anteanoche	vorgestern Abend

Grammatik

1. *pretérito indefinido* : unregelmäßige Verben

decir	***traer***	***conducir***	***poder***	***poner***	***querer***
dije	*traje*	*conduje*	*pude*	*puse*	*quise*
dijiste	*trajiste*	*condujiste*	*pudiste*	*pusiste*	*quisiste*
dijo	*trajo*	*condujo*	*pudo*	*puso*	*quiso*
dijimos	*trajimos*	*condujimos*	*pudimos*	*pusimos*	*quisimos*
dijisteis	*trajisteis*	*condujisteis*	*pudisteis*	*pusisteis*	*quisisteis*
dijeron	***trajeron***	***condujeron***	*pudieron*	*pusieron*	*quisieron*

tener (que)	***saber***	***caber***	***venir***	***dar***	***morir***
tuve	*supe*	*cupe*	*vine*	*di*	*morí*
tuviste	*supiste*	*cupiste*	*viniste*	*diste*	*moriste*
tuvo	*supo*	*cupo*	*vino*	*dio*	*murió*
tuvimos	*supimos*	*cupimos*	*vinimos*	*dimos*	*morimos*
tuvisteis	*supisteis*	*cupisteis*	*vinisteis*	*disteis*	*moristeis*
tuvieron	*supieron*	*cupieron*	*vinieron*	*dieron*	*murieron*

- Bei Verben der *-er* oder *-ir* Konjugation, die als letzten Stammbuchstaben **j** haben, fällt das **i** der Endung (*-ieron*) bei der 3. Person Plural weg.

- ***Saber*** im *pretérito indefinido* bedeutet **erfahren:** *supe* → ich erfuhr

2. Der *gentilicio*

Er bezeichnet die Bewohner eines Ortes oder Landes und ist von Fall zu Fall verschieden.
Substantive oder Adjektive auf Konsonant haben in diesem Fall eine besondere Femininform:

español, española aber: *el jersey azul, la falda azul*
(vgl. auch Lektion 6, Grammatik Adjektiv 3)

Zum Teil unterscheiden sich Ort und *gentilicio* erheblich, was kulturelle, bzw. historische Gründe hat, z.B.:

San Sebastián → *donostiarro*
Alcalá de Henares → *complutense*

Beispiele:

Madrid	*madrileño*	Alemania	*alemán*
Barcelona	*barcelonés*	Francia	*francés*
Murcia	*murciano*	Inglaterra	*inglés*
Granada	*granadino*	Italia	*italiano*
Sevilla	*sevillano*	Portugal	*portugués*
Córdoba	*cordobés*	Suiza	*suizo*
Valladolid	*vallesoletano*	Austria	*austriaco*
Bilbao	*bilbaíno*	Japón	*japonés*
Segovia	*segoviano*	Argentina	*argentino*
Buenos Aires	*bonaerense*	Chile	*chileno*
	(porteño)	Perú	*peruano*
Santiago de Chile	*santiaguino*	México (Méjico)	*mexicano*
Lima	*limeño*		*(mejicano)*
México, D.F.	*mexicano*	EEUU (Estados	*estadounidense*
Nueva York	*neoyorkino*	Unidos)	
España	*español*		

3. Neutraler Artikel *lo*

Adjektive werden mit dem neutralen Artikel *lo* zu Substantiven:

***lo** único* ***lo** bueno* ***lo** malo*

15

Übungen

I) *Konjugieren Sie im Präsens, Perfekt und pretérito indefinido:*
decir la verdad, traer a los amigos, poder venir a la fiesta, ponerse en marcha, querer comprar regalos, saber cómo se hace, caber en el minibús, venir de Argentina, dar la llave a Cecila, conducir el minibús, morir de hambre;

II) *Bilden Sie Sätze nach dem Beispiel:*
Fui a *Francia* y vi que *los franceses* son muy amables.

III) *Übersetzung*
1.Wo trafen sich die ehemaligen Studienkollegen des Jahrgangs 1995? Ich glaube in Córdoba. Man sagt, dass die Leute von Córdoba sehr nett sind. 2. Hast du Sergio schon gesehen? Ja, ich sah ihn gestern in der Stadt, als ich mir die neue Videokamera kaufte. 3. Weißt du, dass María und Juan geschieden sind? Ja, ich habe es gestern erfahren. Cecilia hat es mir gesagt. Ich habe sie im Prado getroffen. 4. Wie viele Leute passten in den Minbus? – Ich weiß nicht, ich weiß nur, dass alle Platz fanden. 5. Gestern habe ich nicht gefrühstückt. Ich habe auch nicht zu Mittag gegessen. Ich bin fast vor Hunger gestorben. 6. Die zwei BWL-Studenten wollten nach Argentinien fahren, aber sie konnten die Flugkarten nicht bezahlen. 7. Letzten Winter schneite es wenig, es gab auch kein Eis um Schlittschuh zu laufen. 8. Die Karfreitagsprozession setzte sich um halb acht abends in Bewegung. Die Leute von Murcia sind sehr stolz auf ihre Prozessionsfiguren, die von Sevilla auch. Aber die von Valladolid glauben, dass ihre Figuren die schönsten sind. 9. Hast du die Fotos, die du letzte Woche gemacht hast, mitgebracht? Ja, schau, sie sind sehr hübsch, auch das Foto, das der Japaner gemacht hat.

IV) *Wiederholung*

- *Bilden Sie die Imperative (Personen tú und Vds.) und ersetzen Sie die Substantive durch Pronomina (bejaht und verneint):*
  - sacar la foto por Cecilia, dirigirse a la puerta número 2, pagar la cuenta;
- *Beginnen Sie die Sätze mit: Quiero que (te)....*
  - ponerse las botas, caber todos, ir a la playa, darme los libros, hacer la compra, traer los calcetines, saber la verdad;
- *Die gleiche Übung; ersetzen Sie zusätzlich die Substantive durch Pronomina.*

- *Lesen sie die Preise für Flüge nach:*
  Lima 650 €, Nueva York 421 €, Bogotá 599 €, México 501 €, Buenos Aires 843 €, Santiago de Chile 909 €;
  por 2 personas hay que pagar... por tres personas hay que pagar....

- *Rollenspiel:*
  Sie essen in einem Restaurant zu Mittag.
  El camarero:.... Vd.: .....

Segovia

16 En la calle

José García es barrendero y trabaja todos los días en las calles alrededor de la Puerta del Sol, en el centro de Madrid. Sus padres murieron en un accidente cuando tenía sólo ocho años, así que no pudo estudiar mucho. Tenía que trabajar para ganarse la vida. Ahora está casado desde hace cinco años y tiene una hermosa hija de dos años.

Cada mañana se levantaba a las seis y media, se ponía el mono verde y, después de tomar un café con leche, salía e iba a la calle, donde solía empezar su trabajo.
Ayer, como de costumbre, se levantó a las seis y media y salió para su trabajo. Hacía sol, pero el aire estaba todavía fresco, lo que le gustaba mucho. Miraba a la gente, que iba a su trabajo. Algunos corrían porque tenían mucha prisa. José iba con su carro vaciando un recipiente de basura tras otro y recogiendo papeles o colillas de cigarrillos, que estaban en la acera. Mientras empujaba su carro al próximo recipiente se le acercó una turista rubia y le dijo:
"Perdone Vd., busco el Palacio Real y estoy completamente perdida en estas pequeñas calles. ¿Me puede ayudar?"
José contestó: "Con mucho gusto, señora, mire, ¿ve esta calle? Tiene que seguirla hasta un semáforo. Luego tuerza a la izquierda hasta una oficina de correos, allí tuerza a la derecha y siga recto hasta el Teatro Real. El Palacio Real está al otro lado del teatro."
"¿Está muy lejos?"
"No, está cerca, sólo unos diez minutos a pie."
"Muchísimas gracias, es Vd. muy amable."
"No hay de qué."

José miraba a la señora tan simpática hasta que desapareció detrás de un camión grande, que estaba aparcado frente a una tienda de artículos electrodomésticos. Después continuó su trabajo. Todavía pensaba en la bella señora, cuando de repente hubo un gran alboroto detrás de él. Dos perros se echaron el uno sobre el otro ladrando mucho. José trató de separarlos, pero era imposible. Por fin vinieron los dueños de los animales y los separaron.

Así pasaba el tiempo. A las dos de la tarde fue a comer al restaurante en el cual solía almorzar. Siempre había algunos platos de comida casera a un buen precio. El camarero cuyo hermano era muy amigo de José le saludó como siempre:
"Hola José, ¿cómo te va? "

Después de la comida le quedaban sólo ocho calles que limpiar. Cuando estaba subiendo la Calle Mayor vio un intento de robo. Un joven turista, quien era obviamente alemán, paseaba por la calle muy soñador. Su monedero salía un poco del bolsillo de su pantalón. Se le acercaron dos ladrones. El uno empezó una conversación con él y el otro quiso quitarle el monedero.
"¡Cuidado! ¡Ladrones!", gritó José.

16

Los ladrones dejaron a su víctima y desaparecieron rápidamente en la muchedumbre. El joven alemán, cuyos ojos brillaban de alegría, estaba tan contento que invitó a José a una cerveza.

Zusatzwortschatz

los comercios	**Geschäfte**		
las tiendas	**Geschäfte**	**el tráfico**	**Verkehr**
la librería	Buchhandlung	la calzada	Fahrbahn
la tienda de ropa	Bekleidungsgeschäft	el peatón	Fußgänger
la tienda de muebles	Möbelgeschäft	el transeúnte	Fußgänger
la mercería	Kurzwarengeschäft	el tranvía	Straßenbahn
la papelería	Schreibwarengeschäft	el parquímetro	Parkuhr
la carnicería	Metzgerei	la zona peatonal	Fußgängerzone
la salchichería	Wurstgeschäft		
la panadería	Bäckerei		
la pastelería	Konditorei		
la zapatería	Schuhgeschäft		

Grammatik

1. Das Imperfekt (*el pretérito imperfecto*)

Regelmäßig Bildung: / **Es gibt nur drei unregelmäßige Bildungen:**

tom – ar	*com - er*	*viv - ir*	*ser*	*ver*	*ir*
tomaba	*comía*	*vivía*	*era*	*veía*	*iba*
tomabas	*comías*	*vivías*	*eras*	*veías*	*ibas*
tomaba	*comía*	*vivía*	*era*	*veía*	*iba*
tomábamos	*comíamos*	*vivíamos*	*éramos*	*veíamos*	*íbamos*
tomabais	*comíais*	*vivíais*	*erais*	*veíais*	*ibais*
tomaban	*comían*	*vivían*	*eran*	*veían*	*iban*

Das Imperfekt wird vom Infinitiv gebildet, *-er* und *-ir* Verben haben die gleichen Endungen.

Bedeutung:

Das Imperfekt drückt folgende Aspekte der 1. Vergangenheit aus:

a: Zustände
hacía sol... el aire estaba fresco....

b: gewohnheitsmäßig ablaufende Handlungen
cada mañana se levantaba a las seis y media...
se ponía el mono verde....

c: nicht abgeschlossene Handlungen
Todavía pensaba en la bella señora cuando de repente hubo un gran ruido.

Übersicht über die Zeitenverwendung

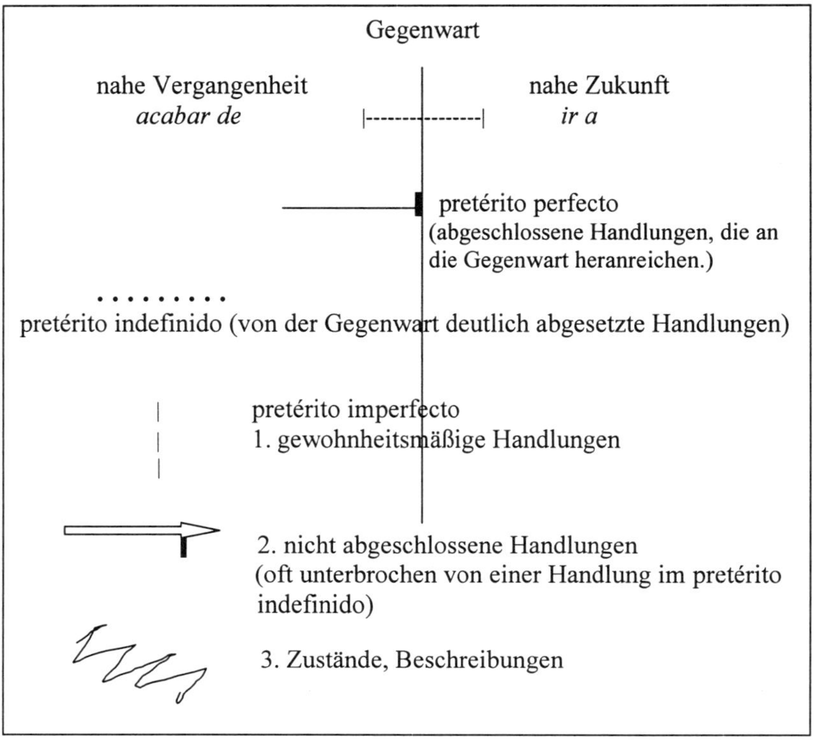

2. **Der Relativsatz** (2)

a)

- Wird das Relativpronomen zusammen mit einer Präposition verwendet, so steht zusätzlich der Artikel.
  para el *que* ***sin la*** *que* ***en el*** *que*
  (bei einsilbigen Präpositionen kann der Artikel wegfallen).

- Für *que* kann in diesen Fällen auch *cual* stehen.
  para el cual *sin la cual* *en el cual*

b)

Das Relativpronomen für den Bezug auf einen ganzen Satz (deutsch: „was") heißt ***lo que*** oder ***lo cual***.
Hacía sol...lo que le gustaba mucho. Die Sonne schien...was ihm sehr gefiel.

c)

- Das Relativpronomen im Genitiv heißt ***cuyo*** ***cuya*** ***cuyos*** ***cuyas***, wobei sich die Form in Zahl und Geschlecht nach dem Besitzobjekt und nicht, wie im Deutschen, nach dem Besitzer richtet.

*El señor, **cuyos** ojos brillaban...* Der Herr, **dessen** Augen strahlten..
*La señora, **cuyos** ojos brillaban...* Die Dame, **deren** Augen strahlten...

- *cuyo* kann auch mit Präpositionen verwendet werden:
  ***con** cuyo amigo* mit dessen/deren Freund

d)
- Bei Personen kann für *que* auch *quien* (ohne Akzent!) stehen:
  *un joven turista, **quien** era...* ein junger Tourist, der...

- bei Ortsbeziehungen wie im Deutschen auch *donde* (ohne Akzent):
  *La calle **donde** solía empezar su trabajo...*
  Die Straße, wo er gewöhnlich mit seiner Arbeit anfing....

Übungen

I) *Setzen Sie die entsprechenden Zeiten der Verben*
1. Juan (ser) abogado. 2. Cada día (levantarse) a las siete e (ir) a la oficina. 3. (Trabajar) hasta las dos y luego (volver) a casa para comer. 4. (Regresar) a la oficina a las cuatro y (seguir trabajando) hasta las ocho. 5. Anteayer (no ir) a la oficina, porque (estar) enfermo. 6. (Tener) fiebre y le (doler) la garganta. 7. Su mujer (llamar) al médico. 8. Éste (venir) poco después. 9. Mientras el médico le (auscultar) los pulmones (sonar) el timbre. 10. La mujer de Juan (abrir) la puerta. 11. (Ser) el amigo de Juan. 12. Le (traer) una botella de vino tinto. 13. El médico le (recetar) unos comprimidos y un jarabe. 14. Su mujer (ir) a la farmacia y (volver) pronto con las medicinas. 15. Por la tarde Juan (estar) mejor y el día después (ir) otra vez al trabajo.

II) *Verbinden Sie die beiden Sätze mit einer Relativsatzkonstruktion*
1. La señora es inglesa. Su pelo es rubio. 2. Juan es abogado. Por eso va a la oficina todos los días. 3. La empresa es grande. Jorge trabaja para la empresa. 4. José va al restaurante. El dueño del restaurante se llama Molinero. 5. José va al restaurante. La puerta del restaurante está abierta. 6. Jorge sale con una amiga. La amiga se llama Cecilia. (La amiga...) 7. José va al trabajo. Su niña duerme todavía. 8. María va de compras. Su marido es barrendero. 9. Madrid es grande.Vivo en Madrid.

III) *Übersetzung*
1. Jorge nahm normalerweise die Straßenbahn, um in die Arbeit zu fahren, aber gestern fuhr er mit dem Auto. 2. Während der junge Deutsche an seine blonde Freundin dachte, stahl ihm ein Dieb seinen Geldbeutel. 3. Bis jetzt hat Juan nie an die Ferien gedacht. Die Arbeit gefällt ihm so sehr. 4. Letzte Woche machten Garcías einen Ausflug. Sie fuhren nach Murcia und besuchten die Kathedrale und das Salzillo Museum. 5. Jedes Jahr fuhren Molineros nach Sevilla um die Prozession der Karwoche zu sehen. 6. Als Juan aus dem Haus ging, schien die Sonne, aber die Luft war noch ziemlich

frisch. 7. Der Besitzer des schwarzen Hundes, dessen Schwester die Freundin von Cecilia ist, ist Rechtsanwalt. 8. In Spanien isst man sehr spät, was den Deutschen nicht gefällt. 9. In der Stadt, in der ich wohne gibt es keine Straßenbahn. Es gibt auch keine U-Bahn. Es gibt nur ein paar Buslinien. Wie heißt diese Stadt? 10. Jorge trank gerade ein Bier in einer Bar als jemand sagte: „Vorsicht, Diebe!“ 11. Während Maria ihren Roman las, schrieb ihre Freundin einen Brief an ihre Eltern. 12. Juan hat gerade seine Arbeit beendet, jetzt wird er gleich die Straßenbahn nehmen, um nach Hause zu fahren.

IV) *Wiederholung*

- Bilden Sie Sätze nach folgendem Beispiel: En la tienda de ropa he pagado 531 euros, en la librería 53 euros, en total he pagado.... euros. ....
- Wie heißt das Gegenteil von....
  ...incluso, nunca, grande, salir, antes, a la derecha, algo, nadie, todavía no, abrir, subir;

Madrid: Puerta del Sol

17 Felicidad relativa

Rosario estaba sentada en la sala de estar, sola. Lo había preparado todo para los niños, que habían salido esa mañana con otros niños a una de esas colonias de vacaciones. Había tenido que despertarles ya a las seis y preparar el desayuno y los bocadillos para el viaje. En el último minuto había tenido que reparar la mochila de Esteban y el anorak de Natalia. Siempre es así: cuando tienes mucha prisa, algo se rompe. Pero los niños estaban listos cuando llegó el minibús de la parroquia.

Como era sábado, Rosario no iba al trabajo. Su marido estaba fuera desde hacía dos semanas. ¿Era feliz su matrimonio?
Se había casado cuando tenía veintidós años. Los niños habían venido pronto y el trabajo siempre había aumentado. No había querido dejar su puesto de maestra porque le gustaban tanto los niños. A ella le había parecido lo más natural del mundo, pero a su esposo, que era profesor en un instituto de enseñanza media, no le había gustado esa decisión. Al principio habían discutido mucho sobre este asunto, pero luego se habían acostumbrado a esa vida de mucho trabajo y de poco tiempo libre. El mes de agosto, lo pasaban siempre en la segunda vivienda de sus suegros en el Mar Menor, cerca de Murcia.
Rosario parecía un poco frustrada por su vida matrimonial. ¿Era eso lo que había soñado?, se dijo pensando en una novela, que había leído recientemente.

En ese momento sonó el timbre de la puerta. Era su amiga Conchita.
"Hola Rosario, ¿qué tal?"
"Pues regular, estoy un poco melancólica."
"¿Por qué no vamos a un café en la ciudad? Hace buen tiempo, hace sol y ya hace bastante calor para sentarse en una terraza."
"Tienes razón, Conchita. Espera un momento, me voy a poner mi vestido nuevo y los zapatos que compré el otro día."
Poco después las dos amigas salieron. Tomaron el metro y fueron al centro de la ciudad.
Cuando los altavoces anunciaron: "Próxima estación Sol, correspondencia con líneas dos y tres" Rosario dijo: "¿Quieres que bajemos aquí?"

Subieron las escaleras y fueron hacia la Plaza Mayor. Mientras iban despacio por la Calle Mayor contemplando los escaparates oyeron varios piropos detrás de ellas: "¡Ay qué chicas más guapas!" Entraron en una tienda, donde Rosario compró un nuevo lápiz labial. Probaron también algunos perfumes, pero sin comprar ninguno.
Por fin llegaron a la Plaza Mayor. Se sentaron a una mesa a la sombra de un parasol. Tomaron una tónica y un zumo de naranja respectivamente y charlaron mucho...

Algunos pájaros cantaban...Las dos mujeres parecían felices...

Zusatzwortschatz

el tiempo	**Wetter**		
el viento	Wind	la niebla	Nebel
la lluvia	Regen	el claro	Aufheiterung
llover (ue)	regnen	nubes y claros	heiter bis wolkig
nublado	wolkig	el granizo	Hagel
cubierto	bedeckt	la llovizna	Sprühregen
despejado	wolkenlos	la tormenta	Gewitter

Anders als im Deutschen wird das Wetter mit ***hacer* + *Substantiv*** beschrieben:

hace frío	es ist kalt	*hace viento*	es ist windig
hace calor	es ist warm	*hace sol*	es ist sonnig

EL TIEMPO: ESPAÑA HOY

variable	veränderlich	el frente frío	Kaltfront
la helada	Frost	el/la mar	Meer
el chubasco	Schauer	la marejada	hoher Seegang
la borrasca	Tiefdruckgebiet	la marejadilla	wenig hoher Seegang
el anticiclón	Hochdruckgebiet	la mar gruesa	Seegang mit Wellen bis zu 6 m
el frente cálido	Warmfront		

17

Grammatik

1. Das Plusquamperfekt *(el pretérito pluscuamperfecto)*

Bildung

Imperfekt von *haber* + Partizip Perfekt (unveränderlich)

había *habías* *había* *habíamos* *habíais* *habían*	***tomado, comido, vivido, visto...***

Bedeutung

Wie im Deutschen drückt das Plusquamperfekt im Spanischen die Vorvergangenheit aus. Frage: Was war **vor** einer Handlung oder Beschreibung in der 1. Vergangenheit?

2. Betonung

a: *A ella, le había parecido lo más natural.*
Ihr war das als das natürlichste vorgekommen. (anstelle von „Es war ihr...")

Das selbständige und das verbundene Personalpronomen werden zusammen verwendet.

Singular	Plural
a mí me *a ti te* *a él le a ella le a Vd. le*	*a nosotros nos* *a vosotros os* *a ellos les a ellas les a Vds. les*

Im Deutschen wird die Betonung durch die Stellung an den Satzanfang zum Ausdruck gebracht.

b: ***El mes de agosto, lo*** *pasaban siempre....*
Den Monat August verbrachten sie immer... (anstelle: Sie verbrachten...)

Der zu betonende Ausdruck wird an den Satzanfang gestellt, mit Komma vom übrigen Satz abgetrennt und mit dem entsprechenden Pronomen im Satzgefüge wiederholt. Auch hier hat das Deutsche nur die Möglichkeit durch Stellung an den Satzanfang zu betonen.

3. Ortsangaben

delante de	*vor*	➡	*detrás de*	*hinter*
fuera (de)	*draußen*	➡	*dentro (de)*	*drinnen*
arriba	*oben*	➡	*abajo*	*unten*
encima de	*auf, oberhalb*	➡	*debajo de*	*unter, unterhalb*

4. *todo - lo todo*

Todo (alles) wird im Akkusativ durch das Pronomen ***lo*** ergänzt. Dieses Pronomen unterliegt den Stellungsregeln für die Objektpronomina.

*lo hago **todo***   *para hacer**lo todo***

5. Verwendung von *sin* (ohne)

sin comprar ninguno	ohne eines zu kaufen
sin decir nada	ohne etwas zu sagen

Anders als im Deutschen wird ***sin* (ohne)** durch einen negativen Ausdruck ergänzt
➡ doppelte Verneinung.

Übungen

I) *Konjugieren Sie nach folgendem Beispiel:*
terminar el trabajo : ir a la fiesta - Cuando había terminado el trabajo, fui a la fiesta.
1. ver los precios : buscar otra tienda 2. poner la mesa : preparar la sangría 3. romper el vaso : ir a comprar otro 4. abrir la puerta : ver que era de noche 5. escribir la postal : poner un sello 6. hacer la compra : volver a casa.

II) *Betonen Sie die unterstrichenen Satzteile*
1. Compré el libro ayer. 2. Me gusta el libro. 3. Nos parece muy bien. 4. Comí la fruta como postre. 5. Señor, le dimos las cartas. 6. Conozco a Eduardo desde hace mucho tiempo. 7. Te quiero mucho. 8. Os deseamos unas felices fiestas. 9. Señores, les invitamos a tomar un vino. 10. Escribimos las cartas antes de salir.

III) *Übersetzung*
1. Rosario hatte alles vorbereitet, als der Kleinbus der Pfarrei kam. Den Kindern gefiel es sehr in eine Ferienkolonie zu fahren. 2. Ihr Mann war seit dem 1. Januar auswärts. Vor seiner Abfahrt hatte er alles überprüft, vor allem

die Heizung. 3. Gestern war schlechtes Wetter. Es regnete den ganzen Tag. Aber heute ist schönes Wetter. Die Sonne scheint und es ist warm. 4. Conchita hat Recht. Rosario muss mit ihr ausgehen. Sie ist so viel allein. Manchmal (a veces) ist sie sogar melancholisch. 5. Das Kurzwarengeschäft sehe ich nicht, ich sehe nur das Schreibwarengeschäft neben der Konditorei. 6. Rosario wollte immer (schon) nach Granada fahren, um die Karwoche zu sehen. 7. Conchita fuhr jedes Jahr an die Costa Brava in den Urlaub; letztes Jahr fuhr sie zum ersten Mal nach Mallorca. Eine Freundin hatte sie in ihre Zweitwohnung in Palma eingeladen. 8. Als Conchita die elektrischen Haushaltsgeräte gesehen hatte, sagte sie zu ihrem Mann: Lieber, siehst du jenen Staubsauger dort? Bitte kauf ihn mir. Unser Staubsauger ist kaputt. 9. Rosario kam von der Stadt zurück ohne etwas gekauft zu haben.

IV) *Wiederholung*

- Rollenspiel: Bestellen Sie etwas zu essen und zu trinken in einem Straßencafé.
- Sie fahren nach Chile und wollen sich auf die Preise einstellen. Sagen Sie was die folgende Dinge in Pesos kosten. (1 Euro = 700 Pesos)
  Auto 11 000 €, Staubsauger 150 €, Flugkarte 550 €, Fahrrad 250 €, Tasche 30 €, Sonnencreme 2,50 €, Hotelübernachtung 40 €, Mittagessen 9 €;
  Sprechen Sie: Un coche en Chile vale....

18 De prácticas

Mónica, una chica de 22 años, hace la carrera de turismo en Alemania. Su tercer semestre es un semestre de prácticas. Como quiere aplicar el español que ha aprendido hasta ahora, ha escrito varias solicitudes a hoteles y a otras empresas turísticas en España.

Por fin consiguió un puesto de prácticas en el Hotel Nervión en Bilbao. Es un hotel de tres estrellas en pleno centro de la ciudad vasca. Después de terminar los exámenes del segundo semestre se fue inmediatamente a España. En una pequeña fiesta se había despedido de sus amigos prometiéndo escribirles postales desde Bilbao.

Cuando llegó, el jefe de personal la saludó, la presentó a sus colegas y le enseñó todo el hotel y su habitación. Luego hicieron juntos un plan de sus actividades. Iba a trabajar en secciones diferentes para ver un poco de todo. Había empezado en el restaurante, luego había trabajado en el servicio de habitaciones y ahora estaba en la recepción. Le gustaba todo, pero lo más interesante para ella era la recepción porque podía hablar mucho con la gente. También podía utilizar su inglés y francés, y, naturalmente, su lengua materna, el alemán.

Un día el jefe le dijo: "Lo hace Vd. muy bien. Por favor, siga así."
Mónica estaba muy contenta con este comentario.
Lo que encontraba dificilísimo era contestar el teléfono. Muchas veces tenía que decir: "Por favor, repita Vd. . Es que soy extranjera y todavía tengo mis dificultades con el español."

Normalmente la gente era sensata y muy amable y repetía lentamente lo que había dicho. Así Mónica conseguía entender lo dicho y podía contestar. Cada día aprendía algo nuevo y hacía grandes progresos en su dominio de la lengua castellana. Incluso aprendió unas palabras de la lengua vasca, el euskera.

Un día su jefe le pidió contestar la carta de una empresa peruana, que quería organizar un congreso en Bilbao. Esto significaba un nuevo reto para Mónica. Tomó un pliego con el membrete del hotel y escribió:

Barceló Hotel Nervión

Hnos. García S.A.
C/Jerusalén 30
Arequipa, Perú

Bilbao, 20 de diciembre de 2002

Ref.: Su carta del 10 de diciembre de 2002

Muy señores nuestros:

Acusamos recibo de su atenta del 10 de diciembre de 2002. No vemos ningún problema en organizar el congreso como Vds. lo desean desde el 15 hasta el 20 de enero de 2003. Tenemos una sala de reuniones bastante grande con los servicios correspondientes y el número suficiente de habitaciones para los participantes del congreso. Nuestro restaurante puede ofrecer lo típico de la cocina vasca, pero también una cocina internacional, según su deseo.

Adjunto les enviamos nuestra actual lista de precios asegurándoles que, en el caso de que nos favorezcan, les haremos un precio especial, que no tiene que temer la competencia.

Esperando su respuesta, les saludamos muy atentamente

Hotel Nervión, Bilbao
p.o. Monica Schröder

Anexo: 1 lista de precios

Paseo del Campo de Volantín, 11
48007 Bilbao
Tel. 34 94 445 47 00
Fax 34 94 445 56 08
E-Mail: hotelbcnervion@barceloclavel.com
www.barceloclavelhoteles.com

BC Hoteles
Barceló Clavel Hoteles

Zusatzwortschatz
Hotel

la habitación	Hotelzimmer	la manta	Decke
la ~ individual	Einzelzimmer	el cojín	Kissen
la ~ doble	Doppelzimmer	la sábana	Betttuch
la ~ triple	Dreibettzimmer	el espejo	Spiegel
la cortina	Vorhang	el lavabo	Waschbecken
la persiana	Jalousie	el grifo	Wasserhahn
la contraventana	Fensterladen	la ducha	Dusche
el minibar	Kühlschrank (mit Inhalt im Hotelzimmer)	el secador de pelo	Haartrockner
		el armario	Schrank
el televisor	Fernsehapparat		

Grammatik

1. Verbgruppe *pedir (i)*

presente de indicativo	***presente de subjuntivo***	***pretérito indefinido***	***pretérito imperfecto***	***participio perfecto***
pido	*pida*	*pedí*	*pedía*	*pedido*
pides	*pidas*	*pediste*	*pedías*	
pide	*pida*	*pidió*	*pedía*	
pedimos	*pidamos*	*pedimos*	*pedíamos*	***gerundio***
pedís	*pidáis*	*pedisteis*	*pedíais*	*pidiendo*
piden	*pidan*	*pidieron*	*pedían*	

- **ebenso:** *conseguir, seguir, despedir (se), repetir, vestir (se),* (sich bekleiden), Wenn die Endung kein reines **i** aufweist (**ió** und **ie** sind Diphtonge) wird das Stamm – **e** zu **i**.

2. Das selbständige Possessivpronomen

mío, a, os, as	*nuestro, a, os, as*
tuyo, a, os, as	*vuestro, a os, as*
suyo, a, os, as	*suyo, a, os, as*

Anders als die verbundenen Possessivpronomen, die vor dem jeweiligen Substantiv stehen (vgl.: Lektion 4) stehen die selbständigen Possessivpronomen allein oder nach dem Substantiv bzw. Artikel.

¿De quién es esta maleta?Es mía.	Wem gehört dieser Koffer? Er gehört mir.
Muy señores nuestros (míos) :	Sehr geehrte (Damen und) Herren! (Briefanrede)

Besondere Wendungen:

Este libro es mío.	:	Dieses Buch gehört mir.
Es el mío.	:	Es ist meines.
un amigo suyo	:	ein Freund von ihm (vgl.: Engl. *a friend of his*)
¡Dios mío!	:	Mein Gott!

Übungen

I) *Konjugieren Sie in allen bekannten Zeiten die folgenden Ausdrücke:*
pedir el libro en la librería, seguir a los compañeros, despedirse de los amigos, repetir la frase, vestirse por la mañana, conseguir un puesto de prácticas;

II) *Setzen Sie die entsprechende Verbform ein.*
1. ¿Quieres que (pedir, yo) más vino? No, no (pedir) más, es suficiente.
2. Cuando Cecilia (despedirse) de nosotros (empezar) a llover. 3. Ayer, Mónica (despertarse) a las seis, (levantarse) rápidamente, (vestirse) en cinco minutos y (ir) al trabajo. 4. Por favor (repetir) Vd. la palabra, no (entenderla). 5. ¿Para ir a la catedral? - (Seguir) Vd. todo recto. 6. Mónica (buscar) mucho tiempo un puesto de prácticas, por fin (conseguir) uno en un hotel.
7. ¿Quieres que nos (despedir) del jefe ahora? 8. Hoy es domingo. Mónica (estar, vestirse) lentamente. 9. Todos los días Enrique (despedirse) de su madre (decir): "Hasta la tarde".

III) *Setzen Sie die Possessivpronomen ein.*
1. Este es el coche de Cecilia. Es... 2. ¿Es éste.....bolso, señora García? No, no es.... 3. ¿Son éstos......juguetes, Óscar? Sí, son.... 4. Óscar y María: Estos son.....libros, ¿verdad? Sí, me parece que son.... 5. Oye, Óscar, estos juguetes no son...., son de tu hermana, son.... 6. Señores, estas maletas no son... . Las .... van a llegar en el número dos.

IV) *Übersetzung*
1. Mónica, bestellen Sie 100 neue Handtücher. Aber bestellen Sie sie nicht zu spät. Wir brauchen sie nächste Woche. 2. Willst du, dass ich den Satz wiederhole? Ja, wiederhole ihn bitte, ich habe ihn nicht verstanden. 3. Fräulein Schröder, verabschieden Sie sich bitte noch heute vom Personalchef. Er ist morgen nicht (da). 4. Während der ersten Wochen machte Mónica große Fortschritte. Es gelang ihr sogar, die Touristen aus Chile und Perú zu verstehen. 5. „Es war eine sehr angenehme Zeit“ sagte Monica, indem sie sich von ihren Mitarbeitern verabschiedete. 6. Ein Freund von dir war (doch) auch in Chile. Was sagte er von dem Leben in jenem Land? Ich glaube es gefiel ihm sehr gut. 7. Mein Gott, (jetzt) habe ich die Schlüssel meines Büros vergessen. Was werden wir tun? Nun, nichts. Den Tag verbringen ohne etwas zu tun.

V) *Geschäftsbrief*
Beantworten Sie die Anfrage der Firma Molinero AG, (C/Independencia 114, Valdivia, Chile) vom 16. Februar ....

Gegenstand der Anfrage:
Übernachtung mit Frühstück für 25 Mitarbeiter
(1 Dreibettzimmer, 10 Doppelzimmer, 2 Einzelzimmer)
in der Zeit vom 20. – 25. März ....
Sie haben freie Kapazitäten zu dieser Zeit.
Schicken Sie die Preisliste und versprechen Sie einen wettbewerbsfähigen Sonderpreis.
Ihr Hotel: Hotel Inglés, C/Echegaray, 28014 Madrid.

VI) *Lesen Sie die Zimmerpreise und vergleichen Sie (caro – económico)*

Hotel A	individual 40 €	doble 60 €	triple 80 €
Hotel B	individual 50 €	doble 70 €	triple 90 €
Hotel C	individual 55 €	doble 85 €	triple 110 €

19 Sin título

María Luisa acaba de hacer su último examen. Era una prueba oral de marketing. Como se había preparado bien, pudo contestar todas las preguntas y obtuvo la calificación "sobresaliente".
Iba por las calles matinales de Madrid pensando en su futuro:
Ahora que estoy libre de todas las obligaciones de los estudios, ¿qué haré?

Bueno, primero iré de vacaciones. Mi padre me prestará su coche e iré con mis amigas a Francia. Visitaremos los castillos del Loira y las catedrales de la región de París. Luego bajaremos la autopista del sol hasta Marsella y descansaremos en algún lugar de la costa. Saldremos todas las noches y conoceremos a mucha gente joven.

Quizá me enamore de un chico rico. Así tendré todos los problemas resueltos. Viviré en una casa grande con jardín y todo a orillas del Mediterráneo. Tendré coche propio e iré de compras cuando tenga ganas. Llevaré siempre ropa elegante. Pero al final me aburriré seguramente. Creo que prefiero trabajar.

Después de las vacaciones buscaré un empleo. No será demasiado difícil encontrar trabajo con una buena licenciatura en ciencias empresariales. Lo que más me gusta es una actividad en el área de marketing. Podría hacer carteles que se colocarían en las calles de Madrid, podría inventar spots publicitarios para la radio y la televisión, podría escribir slogans publicitarios, que se publicarían en revistas y periódicos. En fin sería muy interesante todo eso.
Con mi trabajo ganaría mucho dinero. Cuando haya ahorrado bastante dinero me compraré primero un coche y luego un piso.
Pero igual me caso pronto. Entonces sería mejor comprar una casa con jardín para los niños. Así podríamos también tener un perro o un gato. Tendremos dos hijos, un chico y una chica, la famosa parejita. Pero viajaremos mucho, a pesar de los niños. Mi madre cuidará a los pequeños al principio y luego podrán viajar con nosotros. Les mandaremos a colegios prestigiosos y así podrán hacer buenos estudios. Cuando hayan terminado los estudios y se hayan casado viviremos retirados en el campo. Nos visitarán con los nietos de vez en cuando y tendremos grandes almuerzos dominicales con todos. Seremos muy felices...

En ese momento suena el despertador. Son las siete y media. María Luisa tiene que levantarse rápidamente para presentarse al examen oral de marketing.

Zusatzwortschatz

Benotung in Spanien

10	sobresaliente, con matrícula de honor	besonderes Prädikat für Spitzenleistungen
10 – 9	sobresaliente	sehr gut
8 – 7	notable	gut
6 – 5	aprobado	befriedigend/ausreichend
4 – 0	suspenso	ungenügend (nicht bestanden)

Fächer Betriebswirtschaftslehre (BWL)

marketing *m*	Marketing
recursos humanos *m/pl*	Personalführung
estadística *f*	Statistik
dirección financiera *f*	Finanzwirtschaft
dirección estratégica *f*	Unternehmensführung
sistemas de información *m/pl*	Informatik

Grammatik

Das Futur und das Konditional ***(futuro y condicional)***

Bildung:

Futur I (*futuro imperfecto*)

tomar	***comer***	***vivir***
tomaré	*comeré*	*viviré*
tomarás	*comerás*	*vivirás*
tomará	*comerá*	*vivirá*
tomaremos	*comeremos*	*viviremos*
tomaréis	*comeréis*	*viviréis*
tomarán	*comerán*	*vivirán*

Konditional I (*condicional simple*)

tomar	***comer***	***vivir***
tomaría	*comería*	*viviría*
tomarías	*comerías*	*vivirías*
tomaría	*comería*	*viviría*
tomaríamos	*comeríamos*	*viviríamos*
tomaríais	*comeríais*	*viviríais*
tomarían	*comerían*	*vivirían*

Unregelmäßige Futur- bzw. Konditionalstämme:

decir	***hacer***	***caber***	***querer***	***saber***	***haber***
diré	*haré*	*cabré*	*querré*	*sabré*	*habré*
dirás...	*harás...*	*cabrás...*	*querrás...*	*sabrás...*	*habrás...*
diría	*haría*	*cabría*	*querría*	*sabría*	*habría*
dirías...	*harías..*	*cabrías...*	*querrías...*	*sabrías...*	*habrías...*

poder	***tener***	***venir***	***poner***	***salir***	***valer***
podré	*tendré*	*vendré*	*pondré*	*saldré*	*valdré*
podrás...	*tendrás...*	*vendrás...*	*pondrás...*	*saldrás...*	*valdrás...*
podría	*tendría*	*vendría*	*pondría*	*saldría*	*valdría*
podrías...	*tendrías...*	*vendrías...*	*pondrías...*	*saldrías...*	*valdrías...*

- Das **Futur** wird mit dem Infinitiv gebildet. Alle Verben haben die gleichen Endungen (*-é, -ás, -á, -emos, -éis, -án*), auch die Verben, die einen unregelmäßigen Futurstamm haben (s.o.)

- Das **Konditional** (vgl.: Engl.) wird mit dem Infinitiv und den Imperfektendungen der *–er* bzw. *-ir* Verben gebildet (*-ía, -ías, -ía, -íamos, -íais, -ían*). Diese Endungen gelten auch für die unregelmäßigen Konditionalstämme (s.o.)

Verwendung:

- Das ***futuro imperfecto*** drückt, im Gegensatz zur nahen Zukunft (*ir a* + Inf., vgl.Lektion 8) Handlungen und Zustände in einer ferneren Zukunft aus (vgl. Engl.: *future* mit *will*). Es wird auch, wie im Deutschen, zum Ausdruck der Vermutung verwendet:

Buscaré un empleo.	Ich werde eine Stelle suchen.
¿Qué hora será?	Wie spät wird es sein?

- Das ***futuro perfecto***, das mit dem *futuro imperfecto* von *haber* + Partizip Perfekt gebildet wird, drückt abgeschlossene Handlungen in der Zukunft aus (deutsch meist Perfekt). Es dient ebenfalls zum Ausdruck der Vermutung.

  A las ocho habré terminado mi trabajo.
  Um 8 Uhr werde ich meine Arbeit beendet haben.
  (oder: ...habe ich meine Arbeit beendet.)
  Habrá llegado. Er / sie wird angekommen sein.

- Das ***condicional simple*** drückt, ähnlich wie im Englischen das Konditional, angenommene Handlungen und Zustände in der Zukunft aus:

  Podría hacer carteles. Ich könnte Plakate machen

Das Deutsche kennt das *condicional* nicht als Zeit eines Verbums, es verwendet dafür den Konjunktiv.

- Das ***condicional compuesto*** wird gebildet mit dem ***condicional simple*** von *haber* + Partizip Perfekt:

  Habría podido hacer carteles.
  Ich hätte Plakate machen können.

Es drückt abgeschlossene, angenommene Handlungen und Zustände aus.

Übungen

I) *Setzen Sie in die Zukunft*
1. Tomo una cerveza. 2. Llegas tarde. 3. Obtenemos buenas calificaciones. 4. ¿Vais a Madrid? 5. Encuentran a sus amigos. 6. Salgo por la noche. 7. Ya

no quepo. 8. ¿Viene Vd. a la fiesta? 9. No hago nada. 10. ¿Qué le decimos? 11. Tenemos mucho tiempo libre. 12. ¿Quién pone la mesa? 13. Puedo esquiar. 14. ¿Cuánto vale?

II) *Bilden Sie Sätze nach dem folgenden Beispiel.*
Desayunar – ir a la universidad – yo. A las once habré desayunado. Luego iré....
escribir la carta – comprar sellos – tú;
terminar las prácticas – volver a Alemania – él;
leer el periódico – salir a la calle – Vd.;
hacer el trabajo – poder descansar – nosotros;
limpiar la casa – poder salir – vosotros;
ver Madrid – querer ver otras ciudades – Vds.;

III) *Stellen Sie sich vor, was Sie tun würden, wenn Sie Geld hätten:*
hacer un viaje – salir todas las noches – ir a Chile – comprar una lancha – ahorrar mucho para comprar una casa grande – tener un coche elegante – no aburrirse nunca – venir muchos amigos a mi casa – ayudar a los que no tienen dinero;

IV) *Übersetzung*
1. Übermorgen wird Mª Luisa ihre letzte Prüfung machen. Es ist eine mündliche Prüfung. 2. Wenn sie diese Prüfung gemacht hat, fährt sie mit einer ihrer Freundinnen nach Frankreich. 3. Enrique denkt (nach): Morgen könnte ich an den Strand fahren. Es wird schönes Wetter sein, die Sonne wird scheinen, und es wird heiß sein. 4. Die erste Prüfung wird Rechnungswesen sein, dann kommen Marketing und Personalführung. 5. Jorge hat sich Stiefel, einen schönen Anorak und Handschuhe gekauft. Nächste Woche fährt er in den Süden Chiles. Dort wird es kalt sein. 6. Nächste Woche ist Weihnachten. Was wirst du (da) machen? Ich werde einen Christbaum kaufen, die Krippe ins Wohnzimmer stellen und in die Christmette gehen. Die Geschenke werden die Hl. Drei Könige bringen. 7. Cecilias Videokamera ist auf dem Tisch. Gib sie ihr! Nein, gib sie ihr nicht. Ich selbst werde sie ihr geben. 8. Im Wald gibt es Buchen, Eichen und Fichten, aber es gibt auch Föhren. Was es nicht gibt sind Blaubeeren. Wie schade! 9. Fährst du mit dem Zug oder mit dem Bus? Ich glaube, ich werde mit dem Bus fahren. Er ist preisgünstiger als der Zug. 10. Diego hat ein gebrauchtes Auto gekauft. Nach zwei Wochen musste er in die Werkstatt fahren. Die Kupplung und die Bremsen waren kaputt, ebenso der Blinker.

V) *- Rollenspiel (mit wechselnden Verben)*
A: Yo voy a Francia.
B: Yo no iría a Francia, yo iría a Italia.
A: Yo compro...

- Zahlen: Planen Sie ihre Zukunft.
En 2005 terminaré mis estudios, en 2007 me casaré....

20 Estreno de casa

Esta tarde los Gómez van a festejar el estreno de su nueva casa con sus familiares y algunos amigos. Todo está listo. El césped ha sido cortado por el señor Gómez y un vino español ha sido preparado por la señora Gómez. Toda la casa se ha limpiado en los últimos días. Ahora los dos están sentados en la sala de estar, que se ha convertido en una sala de fiestas, y esperan a los invitados.
"¿Te acuerdas cómo empezó todo?", pregunta la señora Gómez.
"Sí, claro, tú habías heredado algo de tu abuela, que había muerto con noventa y dos años. Luego, los bancos ofrecían entonces un tipo de interés muy bajo. Así que pudimos atrevernos a construir nuestra propia casa."
"¿Sabes todavía qué difícil era encontrar una parcela de mil metros cuadrados en una zona bonita a un precio aceptable?"
"¡Cómo no! En esto nos ayudó mucho tu hermano, quien sabía de unos solares económicos cerca del bosque."
"Al principio querías hacer el plano tú mismo, pero finalmente fue hecho por un arquitecto."
"Sí, pero pude realizar todas mis ideas. – Fue un evento cuando los cimientos y los muros fueron construidos por los albañiles y cuando la armadura fue puesta por los carpinteros."
"Los problemas, los tuvimos con los fontaneros. La empresa que tú preferías tiene mala fama. No suelen venir a la hora convenida. Te lo había advertido."
"Pero sus precios eran mucho más bajos que los de la competencia y finalmente consentiste aunque habrías preferido otra empresa."
"Bueno, no era muy divertido todo eso, pero...¡no hablemos más de este asunto!"
"Lo siento, querida. Cuando construyamos la próxima casa, daremos la preferencia a tu fontanero, ¿de acuerdo?"
"Tú te burlas de mí, como siempre."
"No, no me burlo de ti. Sólo pienso en el futuro: cuando hayamos pagado esta casa, podremos pensar en invertir dinero en otra casa, que se alquilará."
"Y después construirás un palacio para invertir el alquiler de la segunda casa..."

En este momento suena el timbre. Los primeros invitados han llegado. Son los padres de la señora Gómez, que traen un gran ramo de flores y un florero de cerámica muy bonito.
"Muchas gracias, mamá. Muchas gracias, papá", dice la señora Gómez, mientras les da un beso a sus padres.
Suena otra vez el timbre y entran el hermano de la señora Gómez con su esposa y con sus seis hijos. Como los pequeños son hiperactivos, la señora Gómez pone el florero en un lugar seguro...
Cuando todos los invitados han llegado, el señor Gómez les saluda y todos brindan por la casa nueva con un buen cava de Cataluña.

Zusatzwortschatz

el artesano	**Handwerker**	el tejador	Dachdecker
el zapatero	Schuster	el tejedor	Weber
el sastre	Schneider	el herrero	Schmied
el panadero	Bäcker	el cocinero	Koch
el carnicero	Metzger, Fleischer	el pintor	Maler, Anstreicher
		el cristalero	Glaser

Grammatik

1. Das Passiv *(voz passiva)*

Handlungspassiv:

ser **+ Partizip Perfekt (veränderlich, wie ein Adjektiv)**

Aktiv: *El señor Gómez* ***corta*** *el césped.*

Passiv: *El césped* ***es cortado*** *por el señor Gómez.*

Das Objekt des Aktivsatzes wird zum Subjekt des Passivsatzes, das Subjekt des Aktivsatzes wird zum Präpositionalobjekt (Präposition ***por***) des Passivsatzes (Angabe des Handelnden dt.: **von**).
Das Verb wird in die Passivform (s.o.) gesetzt. Die Zeit der Passivform wird vom Hilfszeitwort ***ser*** bestimmt.

es cortado	*va a ser cortado*
ha sido cortado	*será cortado*
era cortado	*habrá sido cortado*
fue cortado	*sería cortado*
había sido cortado	*habría sido cortado*

Zustandspassiv:

estar **+ Partizip Perfekt (veränderlich, wie ein Adjektiv)**

Das Zustandspassiv bezeichnet das Ergebnis einer abgeschlossenen Handlung.

El césped es cortado por el señor Gómez.
Der Rasen wird von Herrn Gómez gemäht.

➡ *El césped está cortado.*
Der Rasen ist gemäht.

Auch hier wird die Zeit des Satzes vom Hilfsverb (*estar*) bestimmt.

está cortado	*va a estar cortado*
ha estado cortado	*estará cortado*
estaba cortado	*habrá estado cortado*
estuvo cortado	*estaría cortado*
había estado cortado	*habría estado cortado*

- Auch die Formen des ***subjuntivo*** sind im Passiv möglich:

Quiero que el césped sea cortado por el señor Gómez.
Quiero que para la fiesta el césped esté cortado.

- Manche Formen des Zustandspassivs haben eine besondere Übersetzung im Deutschen:

estar sentado	sitzen	→	*sentarse*	sich setzen
estar acostado	liegen	→	*acostarse (ue)*	sich hinlegen
estar encendido	brennen	→	*encender (ie)*	anzünden

- Das Passiv wird im Spanischen nicht gern verwendet, oft nimmt man als Ersatz die Reflexivkonstruktion (wie bei **man**):

La casa ha sido limpiada. }
La casa se ha limpiado. } Das Haus ist gereinigt worden.

Dies ist vor allem der Fall, wenn der Handelnde nicht genannt wird. Soll der Handelnde genannt werden, ist die Reflexivkonstruktion nicht möglich.

2. Verbgruppe

sentir (ie, i) (fühlen, leid tun)

pesente de indicativo	***presente de subjuntivo***	***pretérito indefinido***	***gerundio***
siento	*sienta*	*sentí*	
sientes	*sientas*	*sentiste*	*sintiendo*
siente	*sienta*	*sintió*	
sentimos	*sintamos*	*sentimos*	
sentís	*sintáis*	*sentisteis*	
sienten	*sientan*	*sintieron*	

wie *querer (ie)* — wie *pedir (i)*

Alle anderen Formen sind regelmäßig ableitbar.
Zu dieser Gruppe gehören u. a. die folgenden Verben:

consentir	zustimmen	*invertir*	investieren
convertir	umwandeln	*mentir*	lügen
divertirse	sich vergnügen	*requerir*	erfordern
preferir	vorziehen	*referirse a*	s. beziehen auf
advertir	aufmerksam machen	*herir*	verletzen

Übungen

I) *Setzen Sie ins Passiv:*
1. El señor Gómez corta el césped. 2. La señora Gómez ha preparado un vino español. 3. Los padres trajeron un florero. 4. El arquitecto hará el plano. 5. Cuando el arquitecto haya hecho el plano, los albañiles construirán los

muros. 6. Antes los bancos habían ofrecido tipos de interés muy bajos. 7. Los cristaleros pusieron las ventanas. 8. El fontanero reparará el baño. 9. Los pintores han pintado los muros.

II) *Ersetzen Sie bei den in Übung I gebildeten Passivsätzen die Passivkonstruktion durch die Reflexivkonstruktion (die Angabe des Handelnden fällt dabei weg).*

III) *Konjugieren Sie die folgenden Ausdrücke im presente de indicativo und subjuntivo und im pretérito indefinido:*
invertir mucho dinero, no mentir nunca, referirse a la fiesta de estreno de casa, divertirse con los amigos, convertir la casa en una sala de fiesta, preferir esta empresa;

IV) *Wiederholung: subjuntivo de presente*
Bilden Sie Sätze nach folgendem Beispiel (wählen Sie a, b oder c).
a: Me alegro de que vayas a Madrid. b: Siento que.... c: No creo que...
ir a Madrid, estar de acuerdo, saber conducir, dar el libro a José, haber venido;

V) *Verwenden Sie bei der Übung IV die Personen nosotros, vosotros und Vds. im Nebensatz.*

VI) *Übersetzung*
1. Warum zogst du den Dachdecker von der Cervantes-Straße vor? Ich zog ihn nicht vor, mein Vater zog ihn vor. 2. Lüge nicht, sage die Wahrheit. Du wusstest den Preis des Hauses. 3. Die Töchter vergnügen sich gerade mit ihren Freundinnen. Sie sind ausgegangen. 4. Willst du, dass wir so viel Geld investieren? Willst du nicht lieber, dass wir das Geld sparen? 5. Was für ein Zinssatz wird von den Banken angeboten? Ich weiß nur, dass die Bank A einen sehr niedrigen Zinssatz anbieten wird. 6. Der Schuster wird den Schuh reparieren. Der Schuh wird vom Schuster repariert. 7. Der Dachstuhl wird vom Zimmermann aufgesetzt werden. Wann wird (das) sein? Übermorgen. 8. Enrique ist krank. Er liegt im Bett. Seine Frau sitzt neben dem Bett und erzählt ihm eine Geschichte. 9. Willst du, dass ich den Gasherd anzünde? Nein, er ist schon an.

VII) *Wiederholung der Zahlen: Lesen Sie die folgenden Telefonnummern Ihrer Freunde.*

Pilar:		José:		Cecilia:	
oficina (Büro)	43 68 29	oficina	14 02 89	oficina	73 09 19
casa (zu Hause)	78 42 01	casa	99 73 94 41	casa	15 16 84
móvil (Handy)	094 37 89 41	móvil	093 88 34 72	móvil	092 13 12 11

Erfinden Sie weitere Telefonnummern.

21 Noticias

Radio Nacional de España, tercer programa.
Son las siete y media, las seis y media en Canarias.
Señoras y señores oyentes, les ofrecemos las últimas noticias.

Madrid:
Anoche el Presidente del Gobierno y sus ministros se reunieron con el rey en el palacio de la Zarzuela para encontrar una solución al problema cada vez más grave del paro. El Presidente informó que actualmente el porcentaje de personas sin trabajo era muy elevado y que el número de parados había aumentado considerablemente en el mes pasado superando, por primera vez, la cifra de tres millones. Anunció que el gobierno tomaría las medidas necesarias para mejorar esta situación cuanto antes. Además dijo que el gobierno estaba elaborando un programa de readaptación profesional, de perfeccionamiento y de formación de jóvenes. El Congreso ya había concedido 500 000 000 € para la realización de dicho programa, así que se podría poner en práctica a partir del año nuevo.

Bilbao:
En la capital vizcaína hubo una manifestación antiterrorista a última hora de la tarde. Un portavoz de los manifestantes declaró que la gran mayoría de los Vascos estaban hartos de los actos terroristas de ETA y que estos actos no tenían ningún sentido en la situación política actual. Añadió que ya no se tolerarían partidos políticos simpatizantes con ETA. El Presidente del Gobierno Regional, el Lehendakari, anunció en una rueda de prensa que el ministro del Interior de su gabinete estaba estudiando la prohibición de uno o dos partidos regionales en Euskadi.

Logroño:
En un accidente de carretera entre la capital riojana y la localidad de Haro murieron dos personas; cuatro personas fueron llevadas al hospital Virgen del Carmen de Logroño con heridas de gravedad. Obviamente el conductor de un camión había perdido el control de su vehículo y había chocado con un coche, en el que un grupo de jóvenes regresaba de una fiesta.

El tiempo:
Hoy será un día soleado en la mayor parte del país. Sólo en el Cantábrico, alto Ebro y en partes de Cataluña se observarán algunas nieblas matinales. Los vientos serán moderados y las temperaturas estacionales o ligeramente superiores.

Diego apaga la radio y dice a su mujer: "Siempre pasa igual. Estos políticos anuncian que tomarán medidas para solucionar los problemas, pero en realidad no hacen nada. El Presidente dice que el Congreso ha concedido tanto dinero, pero, ya verás, ese dinero desaparecerá sin que nadie sepa dónde ha ido y sin que se realicen los programas anunciados."

Su esposa le escucha en silencio pensando en las víctimas del accidente en la Rioja. ¡Esos pobres jóvenes y sus padres!

Los dos se ponen sus chaquetas y salen de su casa para ir al trabajo. Mientras bajan la escalera Diego pregunta a su esposa qué tipo de trabajo tendrá que hacer y si volverá a casa para comer.

Delante de la casa se despiden el uno del otro: "¡Hasta la tarde! ¡Que te vaya muy bien!"

Zusatzwortschatz

Politik und Wirtschaft

el Canciller	Kanzler	el patrono	Arbeitgeber
el ministro de Asuntos Exteriores	Außenminister	la economía de mercado	Marktwirtschaft
~ de Justicia	Justizminister	el comercio	Handel, Geschäft
~ de Hacienda	Finanzminister	la industria	Gewerbe, Industrie
~ de Economía	Wirtschaftsminister	la construcción	Baugewerbe
~ de Defensa	Verteidigungsminister	la fábrica	Fabrik
		el sector terciario	Dienstleistungsgewerbe
el sindicato	Gewerkschaft		

Madrid: Las Cortes

21

Grammatik

1. Die indirekte Rede

Direkte Rede	**Indirekte Rede**	**Indirekte Rede**
	Einleitungsverb: Präsentische Gruppe: *dice, ha dicho, dirá, diría*	**Einleitungsverb:** Vergangenheitsgruppe: *dijo, decía, había dicho*
tengo trabajo	*que tiene trabajo*	*que tenía trabajo*
tenía trabajo	*que tenía ~*	*que tenía ~*
hasta hoy he tenido trabajo	*que ha tenido ~*	*que había tenido ~*
ayer tuve trabajo	*que tuvo ~*	*que había tenido ~* (oder *tuvo)*
había tenido trabajo	*que había tenido ~*	*que había tenido ~*
voy a tener trabajo	*que va a tener ~*	*que iba a tener ~*
tendré trabajo	*que tendrá ~*	*que tendría ~*

- Im Spanischen wird die indirekte Rede nicht wie im Deutschen, sondern wie im Englischen gebildet (*reported speech*) mit der einzigen Ausnahme, dass ein *pretérito indefinido* als solches in der indirekten Rede erhalten bleiben kann. (Es kann aber auch wie im Englischen das Plusquamperfekt stehen).

- Im Gegensatz zum Deutschen kann die Konjunktion ***que*** nicht wegfallen:
  Er sagte, er habe Arbeit. *Dijo* ***que*** *tenía trabajo.*

- Entscheidend für den Zeitengebrauch ist das **Einleitungsverb** (*dice, dijo ...etc.*). Steht dieses in einer Zeit der präsentischen Gruppe, so ist jede Zeit im Nebensatz möglich. (Es steht die Zeit des Originalsatzes der direkten Rede.) Steht es in einer Zeit der Vergangenheitsgruppe, so sind nur Imperfekt, Plusquamperfekt (bzw. *pretérito indefindio*) oder Konditional möglich.
  Das Imperfekt wird in diesem Fall bei Gleichzeitigkeit der Handlungen verwendet, das Plusquamperfekt (bzw. *pretérito indefinido*) bei Vorzeitigkeit des Nebensatzes und das Konditional bei Zukünftigkeit des Nebensatzes.

Dijo *que* ***tenía*** *trabajo*	„Sagen" und „Arbeit haben" sind gleichzeitig.
Dijo *que* ***había tenido*** *trabajo.*	„Arbeit haben" liegt **vor** dem „Sagen".
Dijo *que* ***tendría*** *trabajo.*	„Arbeit haben" liegt **nach** dem „Sagen".

- Adverbien der Zeit und des Ortes werden wie im Englischen umgeformt:

  aquí → *allí* *hoy* → *aquel día*
  etc...

- Bei der **indirekten Frage** steht als Einleitungsverb ein Verb des Fragens (*pregunta, quiere saber,* etc...). Anstelle der Konjunktion ***que*** steht das jeweilige Fragepronomen bei Ergänzungsfragen und die Konjunktion ***si*** bei Entscheidungsfragen.

- Der Zeitengebrauch ist wie bei der indirekten Rede.

¿Qué haces?	*Pregunta qué hago.*	*Preguntó qué hacía.*
¿Va a venir?	*Pregunta si va a venir.*	*Preguntó si iba a venir.*

- *Sí* und *no* in der indirekten Rede werden mit den Verben *afirmar* (bejahen) bzw. *negar* (verneinen) ausgedrückt:

María: Sí.	*María afirma / afirmó...*
Pilar: No.	*Pilar niega / negó...*

2. *Subjuntivo* in Hauptsätzen

Der *subjuntivo* in Hauptsätzen steht zum Ausdruck eines Wunsches und wird meist mit *que* gebildet.

¡Que te vaya muy bien!	Alles Gute!
¡Que te diviertas!	Viel Spaß!
¡Que te mejores (se mejore Vd.)!	Gute Besserung!
..venga a nosotros tu reino..	Dein Reich komme...
..hágase tu voluntad..	Dein Wille geschehe...
¡Que tenga(s) suerte!	Viel Glück!
¡Que sea breve!	Alles Gute! (bei der Geburt eines Kindes)

Übungen

I) *Setzen Sie die Sätze der indirekten Rede des Lektionstextes in die direkte Rede.*

II) *Setzen Sie den folgenden Dialog in die indirekte Rede.*
a: María dice (...pregunta)... b: María dijo (...preguntó)...
María: Hoy hace buen tiempo. ¿Qué vamos a hacer?
Pilar: No sé, pero igual vamos a la playa.
M.: Es una buena idea. Voy a casa para coger mis cosas para la playa.
P.: ¿Qué cosas necesitas?
M.: Necesito muchas cosas: mi bañador, mi bronceador, una toalla y un libro.
P.: ¿Qué libro vas a llevar?
M.: En este momento estoy leyendo una novela de Juan Marsé. La voy a llevar.
P.: ¿Cómo se llama esta novela?

M.: Tiene el título: Últimas tardes con Teresa.
P.: ¿Es interesante?
M.: Sí, es muy interesante. Además se aprende mucho de Barcelona.
P.: ¿Has estado en la capital catalana?
M.: Sí, pero ya hace mucho tiempo.
P.: ¿Te gustó la ciudad?
M.: Sí mucho. Sobre todo me gustó el Barrio Gótico.
P.: Llega el autobús número 4. Podemos cogerlo para ir a tu casa.
M.: Prefiero ir a pie. No está lejos. Luego tomaremos mi coche para ir a la playa.

III) *Übersetzung*

1. Man sagte im Radio, dass sich der Regierungschef und seine Minister mit dem König getroffen hätten, und dass sie über das Problem der Arbeitslosigkeit gesprochen hätten. Die Zahl der Menschen ohne Beschäftigung sei im letzten Monat gestiegen. 2. Diego fragte seine Frau, ob sie eine Lösung wisse. Dann wollte er wissen, was sie von der Antiterror Demonstration in Bilbao denke. 3. Als sie sich verabschiedeten, fragte Diego seine Frau, wann sie abends nach Hause kommen werde. 4. Sie antwortete, sie wisse es noch nicht. Aber sie versprach, dass sie anrufen werde. 5. Der Personalchef fragte Mónica, ob ihr die Arbeit in der Rezeption gefalle. Dann wollte er wissen, wann sie nach Deutschland fahren werde. 6. Sie antwortete, dass sie Ende des Monats zu Hause sein müsse. Das Wintersemester werde am 1. Oktober beginnen. 7. Herr Gómez fragte seine Frau, ob sie wisse, wann die ersten Gäste gekommen seien. Sie antwortete, dass sie nicht sicher sei, aber sie meine, sie seien gegen 6 Uhr gekommen. 8. Ein Freund fragte Herrn García, wie lange er die schöne Wohnung in Mallorca gesucht habe. Er antwortete, dass er es nicht mehr wisse. Er müsse seine Frau fragen. Vielleicht würde sie es ihm sagen können.

IV) *Wiederholung*

a) *Konjugieren Sie im pretérito indefinido:*
decir la verdad, venir sin los hijos, dar el libro al profesor, poder arreglar el coche, poner la mesa, saber la verdad, querer salir con los amigos, hacer las compras, traer los apuntes, conducir bien, pedir mucho, invertir poco dinero, morir de hambre, caber en el coche;

b) *Lesen Sie die folgenden Arbeitslosenzahlen:*

enero	3 418 712	julio	2 898 904
febrero	3 419 676	agosto	2 801 001
marzo	3 113 581	setiembre	2 911 101
abril	3 001 563	octubre	3 100 109
mayo	2 998 462	noviembre	3 248 218
junio	2 913 714	diciembre	3 321 016

22 ¿Feliz Navidad para todos?

Faltan dos semanas para Navidad. Esta tarde Pilar va a la ciudad para hacer sus compras: regalos para sus padres, para sus hermanos y para sus amigos y amigas. Toma el metro hasta la Puerta del Sol. Hay mucho movimiento en la plaza y en las calles alrededor de ella, tanta gente que busca la felicidad navideña en los comercios de Madrid. Delante del Corte Inglés Pilar ve a una chica, que distribuye folletos de la UNICEF en los que esta institución invita a la gente de los países ricos a ayudar a los niños de los países pobres del llamado tercer mundo. Este año la ayuda será para América Latina. Pilar coge un folleto y lo lee. Hay varias fotos de niños y sus deseos inocentes para Navidad.

Roberto, un chico de siete años, que vive con sus padres debajo de un toldo de plástico como casa en las afueras de Lima dice: ¡Si tuviéramos una casa como se las ve en la tele de la tasca del barrio! ¡Si mi mamá pudiera comprar carne para un asado! ¡Si recibiera juguetes y caramelos del Papá Noel! Esto sería la felicidad navideña para mí.

Tomasito, un pequeño indio de Chiapas expresa sus deseos así: ¡Ojalá mi padre tuviera trabajo para que pudiésemos comer hasta saciarnos! Sería como si estuviésemos en el cielo.

Angélica, una chica mestiza de ocho años, que vive en una zona pobre de La Paz manifiesta sus anhelos de la manera siguiente: Quisiera tanto jugar con una muñeca. ¡Que el Niño Jesús me traiga una muy linda con la ropa para vestirla! ¡Y también chocolate y golosinas y pasteles! ¡Si esto se pudiera hacer realidad!

Pilar se detiene un poco en el brillo ansioso de los ojos de la niña boliviana. Luego continúa la lectura. Entretanto ha empezado a nevar ligeramente, algo poco común en Madrid.

La foto siguiente es de Benjamín, un muchacho de nueve años, que vive en una choza humilde de Bogotá. Sufre mucho por la guerra civil en Colombia. ¡Si hubiera paz en mi país y si pudiéramos jugar sin miedo en la calle! Para él esto sería la felicidad.

La última foto es la de María João, una huérfana de siete años, que vive sin casa en las favelas de Río de Janeiro. ¡Si tuviera padres, un papá y una mamá, que me quisieran! ¡Si tuviera un hogar, un lugar para decir: ¡Estoy en casa! Esto sería para mí la dicha verdadera!

Mientras Pilar lee el último texto oye el grito de un ciego, que vende los números de la lotería. ¡El gordo para hoy!
Si ganara en la lotería, piensa la joven, podría ayudar mucho a estos pobres chicos en el mundo. Pero de momento es más realista donar algo, se dice buscando el número

de la cuenta para los donativos en el folleto. Además, hablaré con Conchita cuando la vea la próxima vez. Ella está involucrada en varios proyectos de ayuda para América del Sur.

Zusatzwortschatz

1. Bank

el cheque	Scheck
la cuenta corriente	Girokonto
el abono en cuenta	Gutschrift
abonar	bezahlen, einzahlen
la transferencia	Überweisung
el crédito	Kredit
la tarjeta de crédito	Kreditkarte
la libreta de ahorro	Sparbuch

2. Post

la carta certificada	Einschreibebrief
por avión	mit Luftpost
la caja postal	Postbank
el destinatario	Empfänger
el remitente	Absender

3. Kommunikation

el correo electrónico	e-mail
la arroba	Klammeraffe @
el fax	Fax
el ordenador	Computer
la computadora	Computer
el disquete	Diskette
el disco duro	Festplatte
guardar	speichern
el ratón	Maus
grabar	drucken

Campesinos en el Valle del Colca, Perú

22

Grammatik

1. Konjunktiv Imperfekt *(subjuntivo de imperfecto)*

Bildung:

tomar – toma / ron		***comer - comie / ron***		***vivir – vivie / ron***	
tomara	*tomase*	*comiera*	*comiese*	*viviera*	*viviese*
tomaras	*tomases*	*comieras*	*comieses*	*vivieras*	*vivieses*
tomara	*tomase*	*comiera*	*comiese*	*viviera*	*viviese*
tomáramos	*tomásemos*	*comiéramos*	*comiésemos*	*viviéramos*	*viviésemos*
tomarais	*tomaseis*	*comierais*	*comieseis*	*vivierais*	*vivieseis*
tomaran	*tomasen*	*comieran*	*comiesen*	*vivieran*	*viviesen*

Der ***subjuntivo de imperfecto*** wird bei allen Verben (auch den unregelmäßigen) von der 3. Person Plural *pretérito indefinido* gebildet, indem man die Endung *-ron* wegläßt und die Endungen *–ra, -ras...* etc oder *–se, -ses...* etc (s.o.) anhängt. Es gibt keinen Bedeutungsunterschied zwischen den *-ra* und den *-se* Formen. Allerdings werden die *-ra* Formen häufiger gebraucht als die *-se* Formen.

Verwendung:

a) bei unerfüllbar scheinenden Wünschen — *¡Si hubiera paz en mi país!* *¡Ojalá mi padre tuviera trabajo!*

b) bei unwirklichem Vergleich (als ob) — *como si estuviésemos en el cielo*

c) im Bedingungssatzgefüge (*potentialis, irrealis*) — *Si ganara en la lotería, podría ayudar.* *Si yo fuera tú...*

d) als Modus der höflichen Rede — *Quisiera tanto jugar...* (= höflicher als "*Quiero tanto jugar..* ")

e) als Vergangenheitszeit des *subjuntivo de presente* in allen Fällen der Verwendung dieses Modus (siehe Lektion 12)

Hängt der Nebensatz, in dem der *subjuntivo* stehen muss von einem Hauptsatz ab, dessen Verb in der Vergangenheit steht, so wird aus Gründen der Zeitenfolge im Nebensatz der *subjuntivo de imperfecto* verwendet.

Angélica quería que el Niño Jesús le trajera una muñeca.

2. Verb ***continuar (úo)***

presente de indicativo	***presente de subjuntivo***
continúo	*continúe*
continúas	*continúes*
continúa	*continúe*
continuamos	*continuemos*
continuáis	*continuéis*
continúan	*continúen*

Das ***u*** wird in den stammbetonten Formen mit Akzent versehen (vgl. Verbgruppe *cerrar (ie)* und *encontrar (ue)*. Zu dieser Verbgruppe gehören z.B. *acentuar* (betonen) und *efectuar* (durchführen), jedoch nicht alle Verben, die auf *-uar* enden

Übungen

I) *Es ist zwar nicht so, wie Sie es sich vorstellen, aber Sie können es sich wenigstens wünschen!*
Beispiel: hacer buen tiempo - ¡Si hiciera buen tiempo!
todos tener bastante para comer, todos decir la verdad, la hermana venir con las amigas, el amigo darme la llave del coche, el mecánico poder arreglar el embrague, los niños ponerse las bufandas, (yo) saber las últimas noticias, mi mujer hacer las compras, el Papá Noel traerte muchos regalos, el hermano mayor conducir, el profesor no pedir demasiado, el profesor no ser tan exigente, la empresa invertir más dinero, tantos niños no morir de hambre, todos caber en el microbús;

II) *María hace como si.....*
...ser la más guapa, vivir en el cielo, saberlo todo, no haber problemas, estar sola en el mundo, ir a América por lo menos, no conocerme, comer en un restaurante caro, viajar todos los días, todas las flores ser suyas;

III) *Bilden Sie Bedingungssätze (potentialis, irrealis).*

(yo)	ser grande	ir a América
(tú)	tener dinero	poder comprar la casa
(él)	saber conducir	tomar el coche de su padre
(ella)	no estar enferma	ponerse el vestido nuevo y salir
(Vd.)	ser el profesor de nuestro hijo	estar muy contentos
(nosotros)	no trabajar por la noche	no tener que dormir durante el día
(vosotros)	no viajar tanto	conocer más gente aquí
(ellos)	ser más ricos	hacer el viaje

IV) *Setzen Sie die entsprechenden Verbformen ein.*
1. Quiero una casa, que (tener) jardín. 2. Quisiera una casa, que (tener) jardín. 3. Mi padre quiso que (nosotros, ir) a Madrid. 4. Se alegró de que (nosotros, hacer) el viaje. 5. Mis amigos sintieron que (yo, tener que) irme. 6. El profesor no creyó que esta chica (ser) mi hermana. 7. Todos salieron rápidamente sin que nadie (ver) nada. 8. Era imposible que (tú, hacerlo) en tan poco tiempo. 9. Siempre habían buscado un jardín que (tener) un viejo abeto.

V) *Übersetzung*
1. Wenn ich du wäre, würde ich mit jemandem sprechen, der mit diesen Projekten befasst ist. 2. Kennst du Diego? Wer kennt ihn nicht. Er tut (ja) immer, als ob er der König von Spanien wäre. 3. Ich möchte gerne mit dem Lehrer meiner Tochter sprechen. Sie hat nämlich Probleme mit der spanischen Sprache. 4. Wenn ich in der Rezeption arbeiten würde, könnte ich meine Fremdsprachen anwenden. Aber hier in der Küche gibt es nur Teller, Tassen, Gläser, und die sprechen nicht einmal meine Muttersprache. 5. Wenn ich doch in der Lotterie gewinnen würde! Dann könnte ich nach Rio fahren und den Kindern in den Favelas helfen. 6. Meinem Freund tat es leid, dass ich nicht mit ihm an den Strand fahren konnte.

VI) *Wiederholung*
Lesen Sie die Zahlen:
En mi cuenta corriente tengo un abono de 463 145 €. En tu....
561 738 €, 937 412 €, 1 241 001 €, 892 434 €, 211 913 €;

VII) *Rollenspiel*
A: ¿Qué harías, si tuvieras dinero.... si te regalaran un coche...
B: Yo haría....

Lima:
Catedral

23 Crimen y castigo o culpa y expiación

Pablo se despierta lentamente. Poco a poco se da cuenta de que se encuentra en la cárcel. Ayer su proceso finalizó con una condena de dos años y medio de reclusión por robo y homicidio. Ahora tendrá tiempo de sobra para reflexionar. ¿Cómo fue posible todo esto?

Si hubiera hecho caso a su madre y si no hubiera siempre salido con el Jaguar y los otros, no estaría ahora aquí. Debía haber sabido desde el principio que estas cosas suelen terminar mal. Pero todo parecía tan fácil.
Solían tomar el metro a las horas punta, cuando los trenes estaban repletos de gente que volvía del trabajo. Siempre se colocaban cerca de una puerta. Un poco antes de una parada hacían su juego: Uno de ellos fingía ligar con una chica. Cuando ésta se defendía, la atención de la gente se concentraba en este evento y los amigos aprovechaban la situación para robar carteras y monederos. En la parada salían rápidamente del tren y desaparecían en la muchedumbre.
Habían "ganado" bastante dinero de esta manera. Sin embargo, no tenían siempre éxito. A veces un pasajero adivinaba su estrategia y gritaba: "¡Ladrones!" Pero siempre habían podido escapar.
Si se hubiera contentado con esas acciones y si hubiera vuelto al recto camino de la honradez, hubiera podido todavía ser feliz. Pero el Jaguar siempre quería más. Y no le importaba nada, ni siquiera matar, si era necesario.
El día fatal todo pasó como en una película policíaca. El Jaguar les había procurado dos pistolas, no sabía cómo. Después de medianoche fueron a un hotel en las afueras de la ciudad y robaron un coche, que no tenía un sistema de alarma, en el aparcamiento de un hotel. Fueron a una tienda situada en una calle tranquila y entraron con la parte trasera del coche en el escaparate. Cuando ya estaban saqueando la tienda, apareció el dueño. No sabían qué hacer. Si él no hubiera sacado su móvil para llamar a la policía, posiblemente no hubiera perdido el dominio de los nervios y no habría disparado. Pero...el Jaguar y él dispararon dos veces cada uno y después huyeron en el coche robado, que dejaron luego en el campo de un campesino. Más tarde supieron que el dueño de la tienda había fallecido durante el traslado al hospital.

El tiempo después de este crimen, lo pasó muy mal. No podía dormir, no podía hacer nada. Podría haber tratado de huir por la frontera, pero no quería. El Jaguar y los otros querían que fueran a Libia o a Marruecos para esconderse allí. Quizás estén allí ahora. Pero prefirió entregarse a la policía para recuperar su serenidad y para poder dormir.

Una novela rusa, que había leído en el colegio, le daba la esperanza que la expiación podría curar las heridas de la culpa.

Zusatzwortschatz

la policía	**Polizei**	la cadena perpetua	lebenslängliche Haftstrafe
la jefatura de policía	Polizeipräsidium	la pena capital	Todesstrafe
el coche patrulla	Streifenwagen	el hecho delictivo	Straftat
el juez de instrucción	Untersuchungsrichter	castigar	bestrafen
el interrogatorio	Verhör	el asesinato	Mord
la policía criminal	Kriminalpolizei	el asesino	Mörder
la matrícula (Auto)	poliz. Kennzeichen	el traficante de drogas	Drogenhändler
la delincuencia	**Kriminalität**	el drogadicto	Drogenabhänger
la violación	Vergewaltigung		
el presidio	Zuchthaus		

Grammatik

1. Konjunktiv Plusquamperfekt (*subjuntivo de pluscuamperfecto)*

Bildung:

hubiera	*hubiese*	+ Partizip Perfekt
hubieras	*hubieses*	
hubiera	*hubiese*	
hubiéramos	*hubiésemos*	
hubierais	*hubieseis*	
hubieran	*hubiesen*	

Verwendung:

*Si él no **hubiera (hubiese) sacado** su móvil, yo **no hubiera perdido** el dominio de los nervios y **no habría disparado**.*

- im Nebensatz eines vorzeitigen Bedingungssatzes (*potentialis, irrealis*) mit den *-ra* **oder** *–se* Endungen

- im dazugehörigen Hauptsatz, aber **nur mit** den *-ra* Endungen. Anstelle des *subjuntivo de pluscuamperfecto* kann hier auch das Konditional II stehen.

- Bei einem ***si*** –Satz mit *subjuntivo de pluscuamperfecto* kann, wenn es der Sinn verlangt, im Hauptsatz auch Konditional I stehen:

  *Si hubiera hecho caso a su madre, **no estaría** aquí.*

2. Das deutsche „hätte tun können" – „hätte tun sollen"

Diese deutsche Konstruktion wird im Spanischen folgendermaßen wiedergegeben:

können
podía (oder *podría*) + Infinitiv Perfekt (= *haber* + Partizip Perfekt)

sollen
debía (oder *debería*) + Infinitiv Perfekt (= *haber* + Partizip Perfekt)

***Podía** haber venido.*	***Debía** haber venido.*
Er hätte kommen können.	Er hätte kommen sollen.

Es besteht kein Bedeutungsunterschied zwischen *debía* und *debería* bzw. zwischen *podía* und *podría*.

Übungen

I) *Setzen Sie Übung I), Lektion 22 in die Vorvergangenheit: Was hätten Sie getan, wenn...? Was wäre gewesen?*
Beispiel: hacer buen tiempo: ¡Si hubiera hecho buen tiempo!

II) *Setzen Sie Übung III), Lektion 22 in die Vorvergangenheit.*
Beispiel: Si hubiera sido grande, hubiera (habría) ido a América.

III) *Übersetzung*
1. Wenn Pablo auf seine Mutter gehört hätte, wäre er jetzt nicht im Gefängnis. 2. Er hätte nicht schießen sollen, als der Besitzer des Ladens sein Handy herausnahm. 3. Die Kriminalität in den großen Städten hat sehr zugenommen, und die Gefängnisse sind voll von Dieben, Mördern und Drogenhändlern. 4. Was hätte die Polizei tun sollen? Niemand weiß es. Wenn es jemand gewusst hätte, hätte er es sagen müssen. 5. Wenn Pablo hätte schlafen können, hätte er sich wahrscheinlich nicht der Polizei gestellt.
6. Wenn die Arbeitslosigkeit im Lande nicht so groß gewesen wäre, hätte sich der Regierungschef nicht im Zarzuelapalast mit dem König getroffen.
7. Wenn der Lastwagenfahrer nicht so viele Stunden gearbeitet hätte, hätte er nicht die Kontrolle über sein Fahrzeug verloren. 8. Wenn Herr Gómez selbst den Plan seines Hauses gemacht hätte, hätte er viel Geld sparen können.

IV) *Wiederholung: Imperativ und Pronomen: Bilden Sie die Imperative, bejaht und verneint:*
- enseñar el plano a la esposa – tú – vosotros – Vd.
- hacer los trabajos sin el arquitecto – tú – vosotros – nosotros
- ofrecer un ramo de flores a la señora – tú – nosotros – Vds.
- decir la verdad - tú - vosotros – Vd.
- irse – tú – vosotros – Vds.

24 En el curso de verano.

María y Manuel pasan el mes de agosto en Santander, donde participan en un curso de español para extranjeros.

Es un viernes por la tarde, la última clase antes del fin de semana. Mientras el profesor Duarte explica la diferencia entre el uso de "más que" y "más de", Manuel está pensando en el fin de semana.

Si hace buen tiempo el sábado, irá con unos amigos a los Picos de Europa. Una amiga española llevará una tienda de campaña si su hermano se la presta. Así podrán pasar la noche en plena naturaleza, a orillas de un río o de un riachuelo. Llevarán también un bote neumático para una aventura de rafting. Dicen que hay ríos muy buenos para eso en la zona de los Picos. También llevarán botas para subir a un monte o para caminar durante unas horas. Sobre todo a María le gusta mucho caminar...
"..más de lo que pensaba".
- ¿Qué explicó el profesor?, pregunta Manuel a su vecina.
- Dijo que se usaba "más de" si en la frase seguía otro verbo y no un elemento de comparación como en el caso de "más que tu amigo". Si hubieras prestado atención y no hubieras pensado en otra cosa, lo hubieras entendido sin problema. Es muy fácil.
- Claro, muchas gracias. Ya lo he entendido.

Y los pensamientos de Manuel vuelven a la excursión.
Llevarían también un hornillo de gas y una olla para preparar una cena delante de la tienda. Comprarían algunas latas con platos preparados. Así no tendrían mucho trabajo en pelar patatas o limpiar verdura. Luego encenderían un fuego y cantarían canciones. Ramón llevaría su guitarra y tocaría música española. ¡Qué maravilla!
"....estudiar hasta la próxima clase el martes."
- ¿Qué dijo el profesor?
- Dijo que estudiáramos la nueva gramática y el vocabulario del texto de hoy para la próxima vez.
- Siempre dice que estudiemos mucho. Temo que el examen de gramática va a ser muy difícil.
- Si piensas siempre en otra cosa en la clase, no aprendes nada. Entonces sí, el examen será difícil. Si no quieres estudiar, pues quédate en casa. Si yo fuera tú, aprovecharía más el tiempo en el aula.

Los alumnos salen de la clase charlando, unos hablan castellano, otros sus lenguas maternas. "¡Permiso!", dice un chico alto y rubio, que obviamente tiene mucha prisa y quiere llegar a la salida lo más pronto posible.

La mayoría de ellos va al bar de la universidad para tomar una cerveza. Hablan de lo que han hecho o de lo que van a hacer.

Santander en agosto es muy atractivo, no sólo por la playa y los montes, sino también a causa de su festival, uno de los más importantes de España.

Anoche Marjorie de Escocia fue a ver el Ballet Nacional Español, que ofrecía un espectáculo de baile flamenco. Gerardo y su novia, dos jóvenes alemanes, fueron al claustro de la catedral para escuchar a los Madrigalistas de Madrid en un recital de música del Renacimiento. Como el concierto había empezado muy tarde, después de las once de la noche, Gerardo casi se durmió..

Toman sus vasos y beben: ¡Salud, Prost, Skøl, Santé, Cheers, Nastrovje…!

Zusatzwortschatz
Sport – Spiel

el fútbol	Fußball	la pelota	Ball
el campo de ~	~ platz	fuera de juego	abseits
el estadio	Stadion	el gol	Tor
el portero	Tormann	el córner	Ecke
el defensa	Verteidiger	el baloncesto	Basketball
el delantero	Stürmer	el tenis	Tennis
el árbitro	Schiedsrichter	el voleibol	Volleyball
marcar (un gol)	Tor schießen	derrotar	schlagen
el empate	Unentschieden	el vencedor	Sieger
la derrota	Niederlage	el perdedor	Verlierer
la victoria	Sieg		

Grammatik

1. Bedingungssätze (Zusammenfassung)

realis:

*Si **hace** buen tiempo, **irá** con sus amigos a los Picos de Europa.*
*Si **piensas** siempre en otra cosa en la clase, no **aprendes** nada.*
*Si no **quieres** estudiar, pues ¡**quédate** en casa!*

Bei durchaus erfüllbarer Bedingung (*realis*) steht im *si*-Satz Indikativ Präsens. Im Hauptsatz können *futuro imperfecto* stehen (konkreter Fall) oder aber *presente de indicativo* (allgemein gültige Situation) bzw. der *imperativo*.

potentialis bzw. ***irrealis***

- **Erste Vergangenheit:**

*Si yo **fuera** tú, **aprovecharía** más el tiempo en el aula.*

Bei nur schwer vorstellbarer Erfüllung bzw. Unmöglichkeit der Erfüllung der Bedingung steht im *si*-Satz *subjuntivo de imperfecto* und im Hauptsatz ***condicional simple***.

- **Vorvergangenheit:**

*Si **hubieras prestado** atención, lo **hubieras (habrías) entendido** sin problema.*

Ist der Sinn des Satzes vorzeitig, so steht im *si*-Satz *subjuntivo de pluscuamperfecto*, im Hauptsatz ebenfalls *subjuntivo de pluscuamperfecto* (jedoch nur die Formen auf *–ra*, vgl: Lektion 23) oder das ***condicional compuesto***.

Bedingungssätze : Zeitengebrauch

	si-Satz	Hauptsatz
1) ***realis***	*presente de indicativo* →	*presente de indicativo* *futuro imperfecto* *imperativo*
2) ***potentialis*** ***irrealis***	*subjuntivo de imperfecto* *subjuntivo de pluscuamperfecto*	*condicional simple o compuesto* *subjuntivo de pluscuamperfecto* (nur auf *–ra*)

2. Der indirekte Befehl

*Dice: ¡**Estudien** la nueva gramática!*

Dice (dirá, ha dicho, diría), que estudiemos la nueva gramática.

Dijo (decía, había dicho), que estudiáramos (estudiásemos) la nueva gramática

Beim indirekten Befehl kommen zwei Erscheinungen der spanischen Grammatik zusammen, der **Gebrauch des *subjuntivos*** und der **der indirekten Rede**. Da der indirekte Befehl eine Aufforderung bzw. einen Wunsch ausdrückt, muss im Nebensatz *subjuntivo* stehen, und da indirekt berichtet wird, gelten die Regeln der Zeitenfolge und der Umformung der Personalformen (1. Person → 3. Person) wie bei der indirekten Rede (vgl. Lektion 21). Im Deutschen wird der *subjuntivo* durch das Verb „sollen“ ausgedrückt:

Er sagt, wir **sollen** die neue Grammatik lernen.

Übungen

I) *Bilden Sie Bedingungssätze bei gegenteiligen Voraussetzungen.*

Beispiel: No hace buen tiempo. No vamos de paseo.
→ Si hace buen tiempo, vamos de paseo.
(Si hiciera buen tiempo, iríamos de paseo.)

a) Llueve, no vamos a la playa. b) No hace sol el domingo. No iremos a la montaña. c) Tengo mucho trabajo. No puedo ir de vacaciones. d) No he prestado atención. No he entendido la gramática. e) No tomáis la tienda de campaña. No podréis dormir en el bosque. f) Han ahorrado mucho dinero. Podían comprar la casa. g) No vienes a la fiesta el martes. No podré enseñarte el nuevo CD. h) No pones la mesa. No podemos comer a las dos. i) No abres la botella de vino. No podemos brindar. j) Has perdido la llave del coche. No podemos regresar a la ciudad ahora. k) No me lleva Vd. a la estación. No puedo tomar el tren de las dos. l) No ha hecho buen tiempo este verano. No hemos ido mucho a la playa. m) No son buenas las zanahorias. No las comemos. n) La película no es interesante. No vamos a verla. o) No has pedido un recibo. No sabes cuánto has pagado.

II) *Bilden Sie indirekte Befehle.*

a: Dice que.... b: Dijo que...

1.¡Estudiad la gramática! 2. ¡Haz tus trabajos en casa! 3. ¡Dáselo! 4. ¡Decídmelo! 5. ¡Poned la mesa! 6. ¡Idos! 7. ¡Come la sopa! 8. ¡Invierte ese dinero! 9. ¡Siéntate! 10. ¡Quedaos! 11. ¡Despiértate! 12. ¡Vete! 13. ¡Beban Vds. este vino!

III) *Übersetzung: „wenn“ und „werden“*

1. Wenn Manuel an den Ausflug denkt, hört er nicht, was der Lehrer sagt. 2. Wenn du ankommst, vergiss nicht, deine Eltern anzurufen. 3. (Immer) Wenn er nach Madrid fuhr, ging er ins Prado Museum. 4. Die Grammatik wird von Herrn Duarte erklärt. Er wird auch die Prüfung machen. In der Prüfung werden von den Studenten Briefe geschrieben werden. 5. Wenn du das gelesen hast, gib es mir bitte. 6. Der Gaskocher und der Kochtopf wurden von Manuel mitgebracht. Wer wird das Abendessen zubereiten? 7. Manuel hätte es selbst zubereiten sollen. Seine Freundin konnte die Dosen nicht öffnen. 8. Real Madrid wird noch vier Tore schießen und gewinnen. Es wird der vierte Sieg sein. 9. Wenn du groß bist, wirst du ein berühmter Arzt sein. 10. Wenn ich der Tormann gewesen wäre, hätten wir nicht verloren.

IV) *Wiederholung*

- Lesen Sie die Matrikulationsnummern der folgenden Studenten:
  Beispiel: José tiene el número de matrícula 654 321.

Cecilia	789 941	Manuel	540 321	Pablo	101 944
Enrique	201 014	Pilar	415 613	Jorge	811 317

- Rollenspiel: Im Restaurant
  A: ¿Qué vas a tomar de primer plato?
  B: ....
  A: ¿ y de segundo?
  B:..............
  A: ¿ y de postre?
  B:..............
  A: ¿ Qué vas a beber?
  B:..............

Santander:

Claustro de la Catedral

25 El camino de Santiago

Son las cinco y media de la mañana. Todavía es de noche, pero pronto va a salir el sol. Alfredo ya está despierto, mientras los otros en el dormitorio siguen durmiendo profundamente.
Está muy contento, porque está realizando un sueño en estos días. Con unos amigos está siguiendo las huellas de tantos peregrinos hacia la ciudad de Santiago de Compostela, donde se encontró, según la leyenda, la tumba del apóstol Santiago el Mayor en el siglo X. Su profesor de español en Alemania les había hablado del Camino de Santiago en una de sus clases.
Alfredo se acuerda todavía muy bien de esa clase. El profesor había entrado, tomado la tiza y había escrito "Santiago de Compostela" en la pizarra. Luego había hablado de su propia experiencia con el camino. Había hecho la parte de Navarra desde Roncesvalles hasta Estella con un grupo internacional de jóvenes durante sus años de pregrado en la Universidad de Múnich.

Hace dos semanas Alfredo empezó el camino en los Pirineos. Había llegado en tren y en autobús hasta Burguete, un pueblo cerca de Roncesvalles. Allí conoció a Alberto, Carlos y Encarnita, que habían venido de Zaragoza y que tenían la misma idea que él. Tenían todos la misma edad, o sea, habían nacido todos en 1985. Querían caminar hasta Burgos y luego tomar un autobús hasta Santiago. El viaje en autobús no sería la manera auténtica de hacer el camino, pero, en vista de la enorme distancia, se decidieron por esa opción, sin sentirse por ello inferiores peregrinos jacobeos.

Alfredo se levanta y sale del refugio. Todavía hace frío, pero el sol va calentando la tierra fría. Mira el sol y estornuda. "Jesús", oye detrás de él. Alberto había visto que su amigo alemán había salido y le había seguido. "Gracias" contesta Alfredo.
"¿Cómo has dormido?", pregunta Alberto.
"Muy bien, después de caminar treinta kilómetros estaba tan cansado que dormí como un lirón. Pero ahora me siento muy bien y estoy listo para otra caminata. ¿Y cómo estás tú?"
"Muy bien. Voy a despertar a los otros, para que podamos marcharnos lo antes posible. Ya sabes, hoy llegaremos a Burgos. Solamente quedan treinta y cinco kilómetros."
Cuando Alberto quiere entrar en el refugio, Encarnita y Carlos salen con sus mochilas, listos para la marcha. Alfredo y Alberto se visten rápidamente, cogen sus cosas y los cuatro empiezan la última etapa. Hoy la primera parte del camino será en carretera. Van el uno detrás del otro en fila india. Después de unos minutos un camión cargado de fruta y verdura les adelanta y para. Tiene la matrícula 3558 BWW.
"¿ Queréis subir? Os puedo llevar hasta Burgos. Voy al mercado allí para vender mis cosas", dice el chófer.
Los amigos se miran, vacilan un momento pero finalmente aceptan el amable ofrecimiento.

"Si los peregrinos de la Edad Media hubieran tenido medios de transporte como nosotros, los hubieran seguramente aceptado también", piensa Alfredo tranquilizando su mala conciencia de peregrino jacobeo.

Zusatzwortschatz
Tourismus

el turismo religioso	religiös motivierter Tourismus	el turismo cultural	Kulturtourismus
		la iglesia	Kirche
el peregrinaje	Pilgerfahrt	el monasterio	Kloster
el santuario	heiliger Ort, Heiligtum	la cartuja	Kartause (Kartäuser Kloster)
el turismo de sol y playa	Strand-(Bade-)tourismus	el retablo	Altar (bild)
		el retablo mayor	Hochaltar
el balneario	Badeort, Kurort	el coro	Chorraum
el turismo de aventura	Abenteuertourismus	la nave	Kirchenschiff
		la torre	Turm
el montañismo/el alpinismo/el andinismo	das Bergsteigen	el ayuntamiento	Rathaus
		el puente	Brücke

Santiago de Compostela

25

Grammatik

1. Neutrales Pronomen *ello*

por ello : deswegen *todo ello* : all das

Neben den maskulinen und femininen Personalpronomen gibt es die Neutrumform *ello*. Sie hat keinen Substantivbezug, sondern bezieht sich auf einen Satzzusammenhang bzw. auf eine neutrale Situation.

Ello kann anstelle des neutralen Demonstrativpronomens *esto* gebraucht werden:
todo ello : *todo esto*

2. Sonderbedeutungen von Verben

- Im *indefinido* und Imperfekt haben manche Verben verschiedene deutsche Übersetzungen.

conocía	ich kannte	*conocí*	ich lernte kennen
sabía	ich wußte	*supe*	ich erfuhr
tenía	ich hatte	*tuve*	ich bekam

- *hacerse* ist oft die Übersetzung für das deutsch „werden“:
  Se hace de noche. : Es wird Nacht.
  Se hace médico. : Er wird Arzt.

3. Verbgruppe *dormir (ue, u)*

presente de indicativo	***presente de subjuntivo***	***pretérito de indefinido***	***gerundio***
duermo	*duerma*	*dormí*	
duermes	*duermas*	*dormiste*	*durmiendo*
duerme	*duerma*	*durmió*	
dormimos	*durmamos*	*dormimos*	***part.perf.***
dormís	*durmáis*	*dormisteis*	
duermen	*duerman*	*durmieron*	*dormido*

➢ Ebenso: ***morir*** (außer *part.perf.*: ***muerto***)

4. Relativsatzverkürzung

*un camión **cargado** de fruta = un camión **que ha sido (que está) cargado** de fruta*

Das Partizip perfekt kann einen passiven Relativsatz verkürzen, d.h. die Formen des Hilfsverbs *ser* (Handlungspassiv) und *estar* (Zustandspassiv) sowie das Relativpronomen können wegfallen.

5. Satzzeichen auf Spanisch

. *punto*	, *coma*	; *punto y coma*	: *dos puntos*
¡ ! *signo de admiración*		¿ ? *signo de interrogación*	
– *guión* (Bindestrich)	" " *comillas*	( ) *paréntesis*	
A : *mayúscula*	a : *minúscula*	— *raya (Gedankenstrich)*	
~ *tilde*	ü *diéresis (Trema)*	´ *acento gráfico*	/ *trazo oblicuo*

6. Konstruktionen mit Gerund

- *El sol va calentando la tierra fría.*
  ir + gerundio drückt den Aspekt „nach und nach" bzw. „allmählich" aus.

- *Los otros siguen durmiendo profundamente.*
  seguir + gerundio drückt das Fortdauern einer Handlung aus (Sie schlafen weiter.)

Übungen

I) *Verkürzen Sie die Nebensätze.*
1. El coche que ha sido reparado está en la calle. 2. Las bebidas que fueron entregadas ayer están en la cocina. 3. Las personas que están casadas pueden esperar en la sala dos. 4. El retablo que fue robado el año pasado está otra vez en la iglesia. 5. El puente que había sido construido por los españoles se reparó en julio. 6. El monasterio que ha sido visitado mucho por los peregrinos del Camino de Santiago está cerrado ahora. 7. Las mochilas que fueron hechas anoche están en la esquina.

II) *Übersetzung*
1. Alfredo lernte seine spanischen Freunde in Burguete kennen. Vorher kannte er keine Spanier. 2. Als der Hund näher kam, bekam Encarnita Angst. 3. Wann erfuhrst du, dass Alberto einen Unfall gehabt hatte? Ich weiß nicht, ich wusste es die ganze Zeit. 4. Weißt du, dass Andrés Maurer geworden ist? Er arbeitet am Bau und ist sehr zufrieden. 5. Gehen wir nach Hause! Es wird schon Nacht. 6. In den Ferien hat man Herrn Garcías Auto gestohlen. Er ist aber deswegen nicht nach Hause gefahren; er hat sich eines gemietet und hat seine Ferien fortgesetzt. 7. Viele Leute am Strand, Lärm und überfüllte Restaurants, all das gefällt mir nicht sehr. 8. Wenn Alfredo die netten Spanier nicht kennengelernt hätte, hätte er allein nach Burgos gehen müssen.

9. Wenn du in Santiago ankommst, wirst du zuerst von weitem die Kathedrale sehen. 10. Wenn es morgen regnet, fahren wir nicht in die Picos. Dann bleiben wir zu Hause und lernen die Wörter des neuen Textes. 11. Wenn Chile nicht so weit weg wäre, würde ich Weihnachten in diesem Land verbringen. 12. Der Lastwagenfahrer sagte, dass die jungen Leute einsteigen sollten. Er werde sie nach Burgos bringen. 13. Du hättest deine Freunde informieren sollen. Das Fest war sehr hübsch. Ein Freund von mir sagte, es sei das schönste Fest des Jahres gewesen. 14. Hast du alles gesehen? Ja, ich freue mich, dass ich alles gesehen habe, sogar das Haus, in dem Cervantes lebte. 15. Ich suche ein Haus, das alles hat, Garten, Balkon, Strand.

III) *Wiederholung*

a) Wiederholen Sie das Alphabet und machen Sie dann die folgende Übung:

A: ¿Tienes coche?
B: Sí.
A: ¿Qué matrícula tiene?
B: Tiene la matrícula KE –DZ-341

b) Suchen Sie in einer Enzyklopädie die Lebensdaten berühmter Persönlichkeiten aus Spanien und berichten Sie: Cervantes nació en..... y murió en..... Diktieren Sie diese Sätze den anderen Kursteilnehmern.

Burgos

26 España

España ocupa la mayor parte de la Península Ibérica. Además tiene dos archipiélagos de importancia, las Islas Canarias y las Islas Baleares y dos territorios en el Norte de África, Ceuta y Melilla. El territorio nacional es de 504 782 km^2, el número de habitantes alrededor de 40 000 000.

La España peninsular se caracteriza por su gran altura. Después de Suiza es el país más montañoso de Europa. Las cordilleras más importantes son: Los Pirineos y la Cordillera Cantábrica en el norte, la Cordillera Central (Sierra de Guadarrama y Sierra de Gredos) en el centro del país y el sistema Penibético con la Sierra Nevada y la Sierra Morena en el sur.
El interior del país es una altiplanicie o meseta de unos 700 metros sobre el nivel del mar dividida en dos partes por la Cordillera Central. Hay sólo dos llanuras bajas de importancia: la llanura andaluza y la levantina. El monte más alto de España es el Pico del Teide (3 716 m), que se halla en Tenerife (Islas Canarias).

Los ríos más importantes son el Duero, el Tajo, el Guadiana y el Guadalquivir, que desembocan en el Atlántico y el río Ebro, que desemboca en el mar Mediterráneo.

El clima de España es variado. El norte atlántico se caracteriza por temperaturas moderadas y abundantes lluvias todo el año, el centro tiene un clima continental con veranos calurosos e inviernos fríos, el sur, las costas del Mediterráneo y las Baleares ofrecen el típico clima mediterráneo con inviernos suaves y veranos calientes. Las Islas Canarias disfrutan de un verano permanente.

España tiene muchos kilómetros de costa, que forman centros de turismo de sol y playa. Las más importantes son: La Costa Brava, la Costa Dorada, la Costa del Azahar, la Costa Blanca, la Costa del Sol en el Mediterráneo y la Costa de la Luz y la Costa Verde en el Atlántico.

Desde la muerte del dictador Francisco Franco (1975) España es una monarquía constitucional con un gobierno democrático de dos cámaras, el Congreso de Diputados (antiguamente Las Cortes) y el Senado. La estructura del país es federal. Consiste en 17 regiones autónomas: Galicia, Asturias, Cantabria, El País Vasco, Navarra, Aragón, Cataluña, Castilla-León, La Rioja, Madrid, Extremadura, Castilla-La Mancha, Valencia, Murcia, Andalucía y los dos archipiélagos Baleares e Islas Canarias. Estas regiones eligen sus propios parlamentos y gobiernos, que cooperan con el gobierno central. Algunas regiones tienen una lengua y cultura propia (Cataluña, Baleares y Valencia, luego El País Vasco y Galicia.). La lengua catalana, el euskera (lengua del País Vasco) y el gallego (lengua de Galicia) tienen en las correspondientes comunidades la cooficialidad con el castellano o español.

Las ciudades más grandes son la capital Madrid, Barcelona, Valencia, Sevilla y Bilbao.

Las actividades económicas más importantes eran antiguamente la agricultura, la ganadería y la pesca. Hoy el turismo, sobre todo en las costas, tiene una gran importancia para la economía del país. También la historia y el arte de España se aprovechan cada vez más para un turismo cultural creciente.

Desde 1986 España forma parte de la Unión Europea (UE).

Geografía física

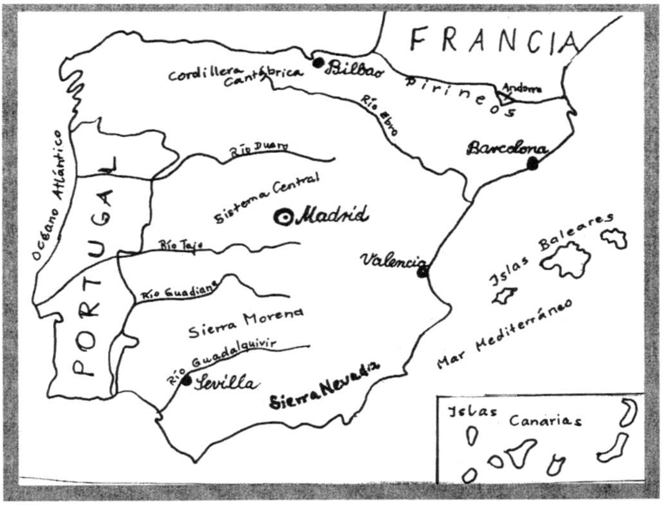

Regiones autónomas

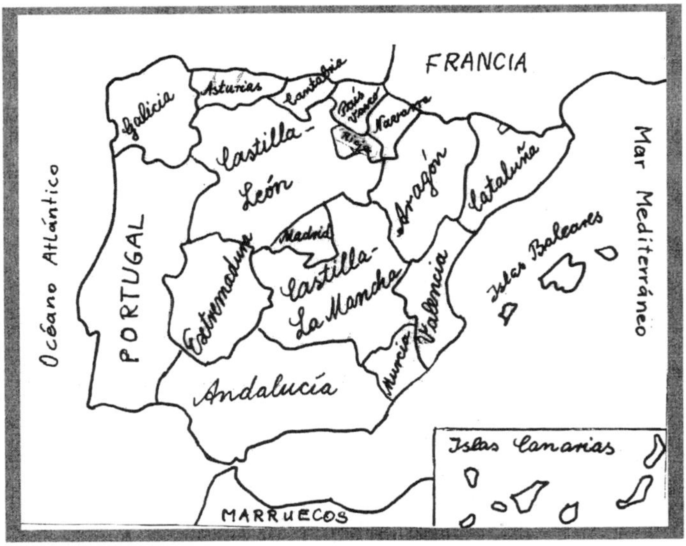

26

Übungen (Wiederholung)

I) *Bilden Sie die Imperative (tú, vosotros) und ersetzen Sie die Substantive durch Pronomen (bejahte und verneinte Formen).*
decir la verdad, poner el nuevo CD, irse , levantarse con el sol, realizar las ideas, sacar los billetes, coger la maleta, enseñar la universidad al nuevo alumno, comerse la sopa;

II) *Setzen Sie ins Passiv:*
1. El arquitecto hace el plano de construcción. 2. Los Gómez festejarán el estreno de la casa. 3. El chico ha cortado el césped. 4. La señora Gómez había invitado a muchos amigos. 5. El señor Gómez compró el solar para la casa.
6. Los albañiles habrán terminado los cimientos. 7. Los carpinteros pusieron la armadura. 8. El señor Gómez alquilará la casa. 9. La abuela pone el florero en la mesa. 10. La señora Gómez convierte la sala de estar en una sala de fiesta.

III) *Ersetzen Sie die Passivkonstruktionen der Übung II) durch die Reflexivkonstruktion unter Weglassung des Handelnden.*

IV) *Setzen Sie in die indirekte Rede (Einleitungsverb im Indefinido).*
Jorge: Mañana iré a Madrid. ¿Quieres que te lleve?
Yo: Sí. Tengo que comprar un libro.
Jorge: ¿Qué libro es?
Yo: Es una novela rusa.
Jorge: ¿Te gusta leer?
Yo. No, no me gusta mucho. Prefiero ver la tele. El libro será para mi madre. Tendrá su cumpleaños a finales de mes. ¿A qué hora saldrás?
Jorge: Saldré a las ocho. ¡Sé puntual! Tendré que estar en Madrid a mediodía.
Yo: ¡No te preocupes! (preocuparse – sich Sorgen machen) Estaré delante de tu casa a las ocho menos diez.
Jorge: Entonces nos veremos mañana.
Yo: Sí.

V) *Übersetzung*
1. Das Jesuskind wird dem kleinen bolivianischen Mädchen Süßigkeiten und Spielsachen bringen. Es wird ein Geschenk von Unicef sein. 2. Wenn sein Vater Arbeit hätte und Geld verdiente, könnte er seiner Tochter viele Geschenke machen. 3. Geben Sie mir ein viertel Kilo von jenem Schinken. - Von diesem? - Nein, von dem dort. 4. Monica schaffte es, einen Praktikantenplatz im Hotel Miramar zu bekommen. Was machte sie dort?
5. Sie machte alles: Zuerst arbeitete sie in der Küche, dann in der Rezeption und schließlich im Zimmerdienst. 6. Ihre Eltern wollten, dass sie nach Spanien ging um die Sprache zu lernen. Als sie nach Hause kam, freuten sie sich, dass sie soviel gelernt hatte. 7. Wenn man mir nicht etwas zu essen ge-

geben hätte, wäre ich vor Hunger gestorben. 8. Wie viele Personen passten in das Auto? Ich weiß nicht, auf jeden Fall (de todos modos) passte ich nicht mehr hinein.

VI) *Cuenten lo que saben de España.*

Asturias: hórreo

León

Valladolid: monumento a Cervantes

Granada Alhambra

Salamanca universidad

Sevilla

27 América Latina

Cuando el 12 de octubre de 1492 el genovés Cristóbal Colón puso pie en lo que iba a ser América no podía saber que en este nuevo mundo la lengua de sus mandantes, los Reyes Católicos de España Fernando e Isabel, encontraría un suelo tan fértil que la convertiría en la lengua materna más hablada en el mundo después del mandarín. Y, en efecto, después de cruzar el Río Grande del Norte (y ya antes) se habla español hasta que el continente sudamericano se va perdiendo en la multitud de las islas y glaciares de la Patagonia argentina y chilena. De las otras lenguas habladas en estas tierras sólo el portugués del Brasil tiene importancia. La presencia de este idioma en América Latina resulta del Tratado de Tordesillas (1494), que trazó una línea entre las futuras posesiones de España y de Portugal en América del Sur.

La conquista española de los territorios americanos empezó poco después del descubrimiento y se caracteriza por sangrientas luchas contra los pueblos indígenas y grandes barbaridades por los dos lados. Los conquistadores más importantes fueron Hernán Cortés, el vencedor de los aztecas en Méjico, Francisco Pizarro, que destruyó el gran imperio de los incas, ubicado entonces en lo que hoy es Perú, Bolivia, Ecuador, el sur de Colombia, el norte de Chile y de Argentina y el oeste de la selva brasileña y Pedro de Valdivia, quien se independizó de Pizarro para conquistar los territorios que hoy son Chile.

A la conquista siguieron unos trescientos años de gobierno colonial, en los que los indios fueron explotados por los virreyes españoles a pesar de las buenas Leyes de Indias de la corona española. Hubo varias rebeliones por parte de los indios, la más destacada la de Túpac Amaru II en el siglo XVIII .

El camino hacia la independencia fue largo y penoso. Empezó con la toma de Caracas por el gran libertador Simón Bolívar en 1813 y finalizó en el año trágico para España, el famoso 1898, en el que perdió sus últimas colonias, entre ellas Cuba y Puerto Rico.

Desde entonces los países latinoamericanos luchan contra la pobreza de gran parte de sus habitantes. Son países subdesarrollados o en vía de desarrollo del llamado "tercer mundo" con algunas actividades industriales en las capitales. En casi todos estos países hay un desequilibrio demográfico alarmante entre una capital sobrepoblada y una provincia desatendida.

Para muchos países el turismo constituye una fuente de ingresos muy importante. La oferta turística incluye monumentos impresionantes de las culturas precolombinas como Machu Picchu en el Perú, Teotihuacán en México, los diferentes lugares arqueológicos de los mayas en el sur de México y en Guatemala, San Agustín en Colombia o la Isla de Pascua de Chile con sus estatuas enigmáticas, los Moai, y una gran variedad de paisajes como el altiplano peruano, los glaciares argentinos y chilenos o la enorme selva amazónica, paisajes que no se pueden ver en Europa.

También el clima de muchas regiones de América Latina es un atractivo turístico. Pensemos solamente en las playas del Caribe como Cancún o en las de Cuba y las de la República Dominicana.

Durante mucho tiempo los países de América Latina eran receptivos en cuanto a las actividades culturales. Se imitaban modelos europeos. Hoy el continente parece haber encontrado su propia expresión artística en muchos aspectos como en la música latinoamericana, admirada en el mundo entero, en la literatura narrativa del llamado "Boom" con autores como García Márquez, Vargas Llosa o Ernesto Sabato, que se han traducido a muchos idiomas o en la escuela de pintura del llamado muralismo mexicano, que Diego Rivera y otros artistas hicieron famosa.

La gran amenaza del continente reside en una inestabilidad latente, que tiene sus raíces en la gran desigualdad social, posiblemente todavía una herencia de los tiempos coloniales.

América Latina

Übungen (Wiederholung)

I) *Setzen Sie die Verben in die entsprechende Form.*

1. Todos los años los García (ir) a Sevilla para (ver) la Semana Santa.
2. El año pasado, por primera vez, (ir) a Murcia, porque una buena amiga (ir) a esta ciudad y (vivir) ahora allí.
3. (Llegar) el lunes por la tarde y (querer, quedarse) hasta domingo.
4. (Hacer) buen tiempo, (hacer) sol y bastante calor.
5. El Jueves Santo, mientras (ir) a la plaza de la catedral (ver) un accidente.
6. Una moto no (respetar) el ceda el paso (respetar el ceda el paso/Vorfahrt beachten) y (chocar) con un camión.
7. No (haber) muertos ni heridos de gravedad.
8. Sólo la moto (estar) rota y el joven de la moto (tener) heridas de poca importancia.
9. Cuando la procesión (empezar) ya (ser) las nueve de la noche.
10. (Haber) mucha gente en las calles.
11. Cuando (llegar) el paso de la última cena, el señor García (decir) que le (gustar) mucho; la señora García (tener) la misma idea.
12. Al final de la procesión la señora García (querer) que todos (ir) a un bar para (tomar) algo.
13. Muchos bares (estar) llenos, pero al final (conseguir entrar) en uno.
14. (Tomar) un té cada uno y (charlar) un rato.
15. Luego (ir) a casa. (hacer) un poco frío, pero no mucho.

II) *Sie machen Pläne für die Zukunft. Setzen Sie die entsprechende Verbform ein.*

1. Primero (decir) a mis padres que (hacer) un viaje con mis amigos.
2. Alberto ya (tener) su coche nuevo la próxima semana, así que (poder) viajar sin problema de transporte.
3. (Caber) todos en el coche, es bastante grande.
4. Alberto (querer) viajar por autopista.
5. Siempre le (gustar correr) mucho.
6. (Salir) por la mañana y (llegar) a Barcelona por la tarde.
7. (Pasar) la noche allí, y el día después (haber) seguramente un ferry (ferry/Fähre) para Mallorca.
8. Nadie (saber) cuánto (valer) el pasaje, pero si cada uno (pagar) su parte, no (ser) demasiado caro.
9. En Mallorca (visitar) Palma y su catedral, luego (ir) al norte de la isla para subir a un monte.
10. (Venir) también unos amigos de Palma.
11. Nos (poner) de a acuerdo con ellos, cuando (estar) allí.
12. Nos (quedar) una semana en Mallorca, luego (volver) a casa.

III) *Bilden Sie Bedingungssätze (potentialis bzw. irrealis).*

- yo, tener dinero, comprar la casa;
- tú, ganar en la lotería, ayudar a los niños del tercer mundo;
- yo, ser tú, no fumar;

- ellos, saber la verdad, poder ayudarle;
- ella, ir a clase, conocer a otros alumnos;
- la casa no ser tan pequeña, los niños tener más juguetes;
- yo, casarse con él (ella), tener todos los problemas resueltos;
- vosotros, no dormir hasta mediodía, todos los días poder subir a los montes;
- caber todos en el coche, ser ideal;
- él, ponerse una corbata, parecer más serio;

IV) *Setzen Sie die gefundenen Bedingungssätze in die Vorvergangenheit. Was wäre gewesen, wenn....?*

V) *Übersetzung (subjuntivo)*

1. Ich möchte, dass Sie die Kupplung überprüfen, damit ich keine Probleme während der Reise habe.
2. Glauben Sie, dass die Bremsen kaputt sind? Vielleicht sind sie kaputt, ich kann es jetzt noch nicht sagen.
3. Pedro freut sich, dass man den Blinker in der Werkstatt so schnell gerichtet hat.
4. Wenn ich ein weiteres Problem mit dem Auto habe, werde ich wieder in diese Werkstatt gehen.
5. Der Junge wurde bestraft, ohne dass er etwas getan hätte.
6. Solange du mit diesen Drogenhändlern ausgehst, wirst du Probleme mit der Polizei haben.
7. In dem Badeort sucht man Praktikanten, die nicht nur Englisch können, sondern auch Französisch oder Spanisch.
8. In dem Kloster sagte man ihnen, sie sollten nach 5 Uhr noch einmal kommen. Dann werde ihnen jemand den hübschen Kreuzgang zeigen.
9. Steig nicht auf den Turm hinauf! Heute ist es sehr windig.
10. Es ist sehr wichtig für die Prüfung, dass ihr die Wörter des heutigen Textes könnt.
11. Pedro ist krank. Seine Freunde besuchen ihn und sagen: Gute Besserung!

México:
Diego Rivera, muralismo

VI) *Rollenspiele*

- A: ¿Tienes coche?
  B: Sí.
  A: ¿Cuánto te ha costado?
  B: Me ha costado 2550 €.
- A: ¿Qué vas a llevar para la fiesta?
  B: Voy a ponerme el vestido negro y los zapatos elegantes.
- En un bar:
  A: ¿Qué vas a tomar?
  B: Un café con leche y una ensaimada.

VII) *Suchen Sie in einer Enzyklopädie bzw. im Internet die Einwohnerzahlen (habitantes) der lateinamerikanischen Länder und die Größe der Oberfläche (superficie) und lesen Sie die gefundenen Zahlen.*

Lektion 1

el desayuno	das Frühstück
y	und
entran (entrar)	sie treten ein (eintreten)
en *Präp*	in, auf (*Frage: wo?*)
el bar	die Bar (Stehimbiss)
de	von (*Genitivbildung*)
la universidad	die Universität, die Hochschule
son	sie sind
Alemania *f*	Deutschland
estudian (estudiar)	sie studieren (studieren)
el turismo	der Tourismus
los alumnos	die Studenten
~ de intercambio	die Austauschstudenten
toman asiento (tomar asiento)	sie nehmen Platz (Platz nehmen)
un taburete	ein Barhocker
el barman	der Barkeeper
¿qué?	was?
desean (desear)	sie wünschen (wünschen)
Vd. Vds. (usted, ustedes)	Sie (*Höflichkeitsform Sing/Pl*)
yo	ich
tomo (tomar)	ich nehme (nehmen)
un café	ein(en) Kaffee (*Nom u. Akk*)
con	mit
la leche	die Milch
una ensaimada	eine Hefeschnecke
un té	ein(en) Tee (*Nom u. Akk*)
el limón	die Zitrone
un bollo	süßes Hefegebäck
coloca (colocar)	er, sie es setzt, stellt, legt (setzen, stellen, legen)
la bebida	das Getränk
la bollería	das Gebäck (*allgemein)*
la barra	der (den) Tresen (*Nom u. Akk*)
el azúcar	der Zucker
sí	ja, doch
pero	aber
poco	wenig
mira (mirar)	schau (schauen)
ahora	jetzt
¡hola!	Hallo! Guten Tag!
¿Qué tal?	Wie geht es?
muy	sehr
bien (*Adv*)	gut
vosotros	ihr
gracias	danke
desayunáis (desayunar)	ihr frühstückt (frühstücken)
siempre	immer
aquí	hier
pagar	(bei)zahlen
por favor	bitte
cobrar	(ab)kassieren
¿Me cobra,por favor?	Bitte zahlen!
tres	drei
buscan (buscar)	sie suchen (suchen)
la sala	der Saal, der Raum
para	für
la clase de turismo	die Tourismusvorlesung
es	er, sie, es ist

Lektion 2

la ciudad	die Stadt
después (de)	nach
comprar	kaufen
la cosa	die Sache
la tienda	das Geschäft
bonito, a	hübsch
el centro de la ciudad	das Stadtzentrum
está (estar)	er, sie es ist (= befindet sich)
cerca de	nahe bei
la catedral	der Dom, die Kathedrale
gótico, a	gotisch
hay	es gibt
hay de todo	es gibt von allem
la postal	die Postkarte
el bolígrafo	der Kugelschreiber
el cuaderno	das Heft
el periódico	die Zeitung
cinco	fünf
tener	haben
también	auch
el sello	die Briefmarke

el vendedor	der Verkäufer
no	nein, nicht, keine,-r,-s
tener que	müssen
ir	gehen, fahren, fliegen *(vgl. Engl.: go)*
a (*Präp*)	zu, nach *(Frage: wohin?)*
el estanco	der Tabakladen
o	oder
la oficina de correos	das Postamt
regresar	zurück-, heimgehen
a casa (en casa)	nach Hause (zu ~)
la calle	die Straße (*in einem Ort*)
encuentran (encontrar, ue)	sie treffen (treffen)
Cecilia	Cäcilia
Jorge	Georg
dos	zwei
bueno, a (*Adj*)	gut
el amigo	der Freund
español, a	spanisch
tener tiempo (el tiempo)	Zeit haben (die Zeit, das Wetter)
para (+ *Inf*)	um zu
el teatro	das Theater
hoy	heute
tú	du
entonces	dann (folglich)
quedar a (+ *Uhrzeit*)	sich um … treffen
las siete	sieben Uhr
delante de	vor
de acuerdo	einverstanden
hasta luego	bis dann
adiós	auf Wiedersehen

Lektion 3

el cumpleaños	Geburtstag
veinte	zwanzig
el año	Jahr
tiene veinte años	er/sie ist 20 Jahre alt
invitar	einladen
sus	seine, ihre (*pl*)
grande, gran	groß
la fiesta	Fest, Party, Fete
su	sein, ihr (*Sing*)
España *f*	Spanien
feliz (*pl:* felices)	glücklich
mucho, a	viel
muchas gracias	vielen Dank
el regalo	Geschenk
sobre	auf, über
la mesa	Tisch
la sorpresa	Überraschung
el poncho	Umhang, Poncho
chileno, a	chilenisch
llegar (a)	(an)kommen
la peruana	Peruanerin
sólo	nur
el semestre	Semester
el compact disc (CD)	CD
la música	Musik
ninguno, a, ningún	keine, -r, -s
sin	ohne
malo, a, mal	schlecht, krank
el día	Tag
desgraciadamente	leider
porque	weil
antes de (+ *Inf)*	bevor (+*Nebensatz)*
cenar	zu Abend essen
cantar	singen
la canción (*pl*: canciones)	Lied
después de (+ *Inf)*	nachdem (+ *Nebensatz)*
el vino	Wein
escuchar	anhören
alguno, a, algún	irgendeine, -r, -s
el disco	Platte
algunos, as	ein paar
incluso	sogar
bailar	tanzen
cuando	wenn, als
dicen	sie sagen
ya	schon
la medianoche	Mitternacht
tranquilo, a	ruhig

Lektion 4

se levanta (levantarse)	er, sie, es steht auf (aufstehen)
constatar	feststellen
que	dass
reinar	herrschen
el desorden	Unordnung
considerable	beträchtlich, ziemlich
la habitación	Zimmer
el plato	Teller, Gericht
el vaso	Glas

sucio, a	schmutzig
pequeño, a	klein
el cuchillo	Messer
el tenedor	Gabel
la cuchara	Löffel
la silla	Stuhl
por todas partes	überall
la alfombra	Teppich
limpio, a	sauber
ayudar (+ *Akk!*)	helfen
lavar	waschen, spülen
la vajilla	Geschirr
el aspirador	Staubsauger
pasar el ~ por la alfombra	den Teppich absaugen
arreglar	aufräumen
limpiar	reinigen
el baño	Bad
la toalla	Handtuch

pone (poner)	er, sie, es legt (legen)
otro, a	andere, -r, -s
terminar	beenden
el trabajo	Arbeit
la rosa	Rose
dice	er, sie, es sagt
por	*hier:* für *(vgl.: Gr. L.11)*
la ayuda	Hilfe
de nada	keine Ursache (*Antwort auf „Danke"*)
contestar	antworten
contento, a	glücklich, zufrieden
el coche	Auto
el aparcamiento	Parkplatz
tarde	spät, zu spät
correr	rennen, laufen
las once y media	halb zwölf *(vgl. S.28)*
la clase	Unterricht (-sraum)

Lektion 5

la visita	Besuch
la familia	Familie
vivir	wohnen, leben
la casa	Haus, Wohnung
nuevo, a	neu
esta tarde	dieser, heute Nachmittag
ver	sehen
el señor	Herr
abrir	öffnen
la puerta	Tür
bienvenido, a	willkommen
la entrada	der Eingang (-sbereich)
el perchero	Garderobe, Kleiderständer
la gabardina	der (leichte) Mantel
a la izquierda	links
la cocina	Küche, Herd
en el centro	in der Mitte
el comedor	Esszimmer
a la derecha	rechts
la sala de estar	Wohnzimmer
el dormitorio	Schlafzimmer (*auch:* Kinder~)
el niño, la niña	Kind
arriba *(Adv)*	oben
al lado de	neben
el balcón	Balkon
salimos (salir)	wir gehen hinaus
desde	von…aus
todos, as	alle

el paquete	Paket, Päckchen
ahora mismo	jetzt gleich, sofort
lento, a	langsam
¡qué!	wie *(bei Ausruf)*
este	dieser
el cantante	Sänger
gustar	gefallen, schmecken
le gusta	es gefällt ihm/ihr
la esposa	Gattin
el esposo	Gatte
el marido	(Ehe)mann
añadir	hinzufügen
la señora	Frau, Dame
la chica	(Dienst-) Mädchen
ha preparado	er, sie, es hat vorbereitet
el pastel	Kuchen, Plätzchen
comer	essen
beber	trinken
charlar	plaudern
interrumpir	unterbrechen
la conversación	Unterhaltung
la hermana	Schwester
el problema	Problem
subir	hinaufgehen
la mamá	Mama
comprender	verstehen
enseguida	sofort
como	wie (*Vergleich)*
el hermano	Bruder
dejar	lassen
jugar (ue)	spielen

el juguete	Spielzeug

Lektion 6

el lunes	Montag	primero (*Adv*)	zuerst
el domingo	Sonntag	la ropa interior	Unterwäsche
agradable	angenehm	la camisa	Hemd
la playa	Strand	blanco, a	weiß
empezar (ie)	anfangen	el pantalón	Hose
la semana	Woche	negro, a	schwarz
~ de trabajo	Arbeitswoche	las siete y cuarto	viertel nach sieben
a las seis y media	um halb sieben		(viertel acht)
despertarse (ie)	aufwachen	rápido, a	schnell
todavía	noch	el licenciado en cien-	Diplombetriebswirt
cansado, a	müde	cias empresariales	
el reloj de pulsera	Armbanduhr	la empresa	Unternehmen, Betrieb
cerrar (ie)	schließen	~ hotelera	Hotelbetrieb
el ojo	Auge	como	(*hier*:) als, in der
otra vez	noch ein mal		Funktion
el minuto	Minute	el responsable	der Verantwortliche
a las siete menos	um viertel vor sieben	ganar	verdienen, gewinnen
cuarto	(dreiviertel sieben)	bastante (*Adv*)	ziemlich (viel)
el cepillo de dientes	Zahnbürste	tanto....como	soviel wie
el dentífrico	Zahnpaste	todo, a	ganz (*pl*: alle)
lavarse	sich waschen	desde ... hasta	von ... bis
~ los dientes	Zähne putzen	las ocho de la mañana	8 Uhr früh
afeitarse	sich rasieren	las cinco de la tarde	5 Uhr nachmittags
la maquinilla eléc-	elektrischer Rasier-	el viernes	der / am Freitag
trica	apparat	libre	frei
luego	dann, darauf	por la tarde	nachmittags
el jabón	Seife	pensar (ie) en	denken an
ducharse	sich duschen	próximo, a	nächste, -r, -s
secarse	sich abtrocknen	el fin de semana	Wochenende
ponerse.....	....anziehen	tan (+ *Adj/Adv*)	so

Lektion 7

la carta	Brief, Speisekarte	el gazpacho andaluz	andalusische kalte
el noviembre	November		Gemüsesuppe
querido, a	liebe, -r, -s	soler (ue)	gewöhnlich tun
finalmente	endlich, schließlich	el restaurante	Restaurant
escribir	schreiben	económico, a	wirtschaftlich, preis-
la llegada (a)	Ankunft (in)		günstig
pasar	vergehen, verbringen,	la plaza	Platz
	geschehen, reichen	Tirso de Molina	span. Dichter (1583-
aprender	lernen, erfahren		1648)
algo	etwas	el centro	Stadtmitte
hablar	sprechen	la puerta del Sol	Sonnentor (zentraler
ha hecho (*Inf*: hacer)	er, sie, es hat gemacht		Platz in Madrid)
hace buen tiempo	es ist schönes Wetter	allí	dort
pasear	spazieren gehen	alguien	jemand
muchas veces	oft	practicar	üben
el parque	Park	la lengua	Sprache
el cocido madrileño	Madrider Eintopfge-	la mañana	der Morgen
	richt	esta mañana	dieser/heute Morgen

el banco	Bank
la beca	Stipendium
quinientos	500
ciento cincuenta	150
trescientos cincuenta	350
el libro	Buch
poder (ue)	können (*körperlich, Möglichkeit*)
ahorrar	sparen
cada *(unveränderlich)*	jede, -r, –s
el mes	Monat
un viaje organizado	eine organisierte Reise
en Navidad	an Weihnachten
sin embargo	jedoch
esto	das da, dies
decidido (*Inf*: decidir)	beschlossen
visitar	besuchen, besichtigen
el Prado	Gemäldegalerie in Madrid (alte Meister)
el Centro de Arte Reina Sofía	~ in Madrid (zeitgenössische Kunst
el Casón del Buen Retiro	~ (Kunst des 19. Jahrhunderts)
el Teatro Real	Oper v. Madrid
el Palacio de Oriente (Palacio Real)	Königsschloss in Madrid
viajar	reisen
fuera de	außerhalb von
contar (ue)	erzählen
querer (ie)	wollen
la moto(cicleta)	Motorrad
usado, a (*Inf*: usar)	gebraucht
ir a ver	besuchen, besichtigen
el monumento	Denkmal, Bauwerk
por ejemplo	zum Beispiel
El Escorial	Königspalast nahe bei Madrid
el palacio de Aranjuez	Schloss v. Aranjuez (südl. Madrid)
Cervantes	span. Dichter (1547 – 1616)
Alcalá de Henares	span. Stadt nahe bei Madrid
el profesor	Lehrer, Professor
la escuela	Schule
la Escuela de Turismo	Tourismushochschule
casi	fast
interesante	interessant
la contabilidad	Rechnungswesen
divertido, a	lustig
aburrirse	sich langweilen
llenar	füllen
la hoja	Blatt
el abrazo	Umarmung
fuerte	stark, fest
el hijo	Sohn
la hija	Tochter
P.D. = posdata *f*	P.S. = Postskriptum
gastar	ausgeben
el dinero	Geld
que (*Rel Pron*)	der, die, das (*Rel Pron*)
mandar	schicken
quedar	übrig sein, bleiben
ochenta	achtzig

Lektion 8

trabajar como	als....arbeiten
la secretaria	Sekretärin
el producto químico	chemisches Produkt
el jefe	Chef
exigente	anspruchsvoll, streng
volver (ue)	zurückkehren, heimgehen
sonar (ue)	läuten
el teléfono	Telefon
descolgar (ue)	abheben
¡Dígame!	*wörtl*: Sagen Sie mir! *(feststehende Wendung beim Telefonieren)*
¿ Cómo estás?	Wie geht es dir?
pues	nun, denn
regular	es geht so
¿por qué?	warum?
venir	kommen
la merienda	Brotzeit, Vesperbrot
así	so, auf diese Weise
descansar	s. entspannen, ausruhen
la idea	Idee
a eso de....	gegen (*bei Uhrzeit*)
perfecto, a	sehr gut
ir de compras	einkaufen gehen
el supermercado	Supermarkt
Colón	Kolumbus
la cesta	Korb
la sección	Abteilung
el embutido	Wurst (*allgemein*)
el queso	Käse

la cola	Schwanz, Schlange von wartenden Leuten
preguntar	fragen
¿quién?	wer
el (la) último (a)	der (die) letzte
la fila	Reihe
llegar el turno a	an die Reihe kommen, drankommen
la dependienta	Verkäuferin, Angestellte
un cuarto	250 g (ein Viertel Kilo)
aquel	jener
el jamón serrano	luftgetrockneter Schinken
éste	dieser *(alleinstehend)*
ése	jener (")
el manchego	Käse aus der Mancha (Hartkäse)
semicurado	mittelalt
el precio	Preis
la rodaja	Scheibe
fino, a	fein, dünn
¿algo más?	Sonst noch einen Wunsch?
el kilo	Kilo
la aceituna	Olive
cómo no	selbstverständlich
el vino español	typisch spanisches Vesperbrot
olvidar	vergessen
tener suerte	Glück haben
la esquina	Ecke *(von außen)*
vender	verkaufen
la bebida refrescante	Erfrischungsgetränk
el timbre	Türklingel
abrazar	umarmen
el rato	Weile, Augenblick, Zeit
¡salud!	Prost!
¡buen provecho!	Guten Appetit!
¡que aproveche!	Guten Appetit!

Lektion 9

notar	bemerken
el dolor	Schmerz
la garganta	Hals
toser	husten
además	außerdem
doler (ue)	schmerzen
la cabeza	Kopf
la fiebre	Fieber
el resfriado	Erkältung
típico, a	typisch
el otoño	Herbst
el médico	Arzt
examinar	untersuchen
detenido, a	gründlich
auscultar	abhören *(med)*
el pulmón	Lunge
nada	nichts
grave	schlimm, ernst
la gripe	Grippe
dentro de	in, innerhalb von
el doctor	Doktor
recetar	verschreiben
el comprimido	Tablette
contra	gegen
el jarabe	Hustensaft, Sirup
la tos	Husten
la pastilla	Lutschtablette
la farmacia	Apotheke
traer	(her)bringen *(Engl.: bring)*
llevar	(hin)bringen *(Engl.: take to)*
la medicina	Medizin
tampoco	auch nicht
solamente (= sólo)	nur
dulce	süß
a mediodía	zu Mittag
favorito,a	Lieblings-
ni siquiera	nicht einmal
apetecer	schmecken
el apetito	Appetit
no...en absoluto	überhaupt nicht
lo mejor	das beste
esperar	warten
cómodo, a	bequem
la cama	Bett
creer	glauben
pronto	bald, früh
quedarse	bleiben
enfermo, a	krank

Lektion 10

La Sagrada Familia	unvollendete Kirche von Gaudí (*in Barcelona)*
el Barrio Gótico	das Gotische Viertel *(Altstadt von Barcelona)*

acabar de hacer	soeben getan haben
hacer	machen
el bachillerato	Abitur
la carrera	Studiengang
Filolgía *f*	Philologie
Física *f*	Physik
la lotería	Lotterie
el (la) primero (a)	erster (e)
la salida	Ausfahrt
conducir (zc)	(*selbst*) Auto fahren
hacia	in Richtung
el sur	der Süden
el norte	Norden
el este	Osten
el oeste	Westen
la autopista	Autobahn
hasta	bis
Sitges	Badeort südl. von Barcelona
el depósito	Tank
vacío, a	leer
parar	anhalten
la gasolinera	Tankstelle
echar	werfen, *hier*: einfüllen
el litro	Liter
el eurosuper	Superbenzin (95)
el plomo	Blei
comprobar (ue)	überprüfen
el nivel	Höhe, Stand
la presión de aire	Luftdruck
el aire	Luft
el neumático	Reifen
la caja	Kasse, Kiste
la tarjeta	Karte
el peaje	Maut
de peaje	mautpflichtig
el tráfico	Verkehr
los estudios	Studium
de repente	plötzlich
el ruido	Geräusch, Lärm
raro, a	seltsam
salir	hinausgehen, -fahren aus-, aufgehen *(Sonne)*

el área de servicio *(f)*	Autobahnraststätte
el mecánico	Mechaniker
debajo de	unter (halb)
el escape	Auspuff
el defecto	Mangel, Schaden
la excursión	Ausflug
el taller	Werkstatt
unos, as (+ *Zahl)*	etwa
el hueco	Loch, Lücke
sacar	herausnehmen
la mochila	Rucksack
el bañador	Badehose (-anzug)
el bronceador	Sonnencreme
la arena	Sand
las gafas (de sol)	(Sonnen-) Brille
nadar	schwimmen
tibio, a	lauwarm
la ola	Welle
tender(se) (ie)	(sich)ausstrecken, sich hinlegen
el sol	Sonne
prestar	leihen
devolver (ue)	zurückgeben
usar	gebrauchen
el chico	Junge
tomar el sol	sich sonnen
el bikini	Bikini
la sed	Durst
tener sed *(f)*	Durst haben
el hambre *(f)*	Hunger
el chiringuito	Imbissbude (am Strand)
la horchata	Mandelmilch
el bocadillo	belegtes Brot
los apuntes	Aufzeichnungen, Notizen
en realidad	in Wirklichkeit
el ambiente	Ambiente, Umgebung
apropiado, a	geeignet
saber	wissen
resignado, a	resigniert

Lektion 11

la fiesta	*hier:* Feiertag
hacer puente	freimachen
así que	so dass
largo, a	lang
aprovechar	nutzen
la situación	Situation
el segundo domicilio	Zweitwohnung
madrugar	früh aufstehen
el avión	Flugzeug
el aeropuerto	Flughafen

antes	vorher
despertar (ie)	aufwecken
y ya está	und fertig
no ... sino	nicht .. sondern
la gente (*Sing*)	Leute
el vagabundo	Landstreicher
la noche	Nacht
darse prisa	sich beeilen
el amor	Liebe, Liebling
fumar	rauchen
bajar	hinuntergehen, aussteigen
la escalera	Treppe
la maleta	Koffer
el tren	Zug
~ de cercanías	Nahverkehrszug
el metro	Metro
la estación	Bahnhof
moderno, a	modern
el aire acondicionado	Klimaanlage
la música	Musik
~ ambiental	Hintergrund-, Stimmungsmusik
estar sentado, a	sitzen
difícil	schwierig
conocer (zc)	kennen
como (*Konj*)	da
hacer transbordo	umsteigen
la escalera mecánica	Rolltreppe
el área (*f*)	Bereich, Gebiet
la salida	*hier:* Abflug, Abfahrt
la taquilla	Schalter
facturar	einchecken, aufgeben
el equipaje	Gepäck
afortunadamente	glücklicherweise
entregar	abgeben
la tarjeta de embarque	Bordkarte
el (la) empleado (a)	Angestellte (r)
vayan (*Imp*)	gehen Sie !
el embarque	das Einsteigen
el control	Kontrolle
el pasaporte	Pass
el vuelo	Flug
~ nacional	Inlandsflug
el pasajero	Passagier
pasar por	durch-, vorbeigehen
el chequeo de seguridad	Sicherheitskontrolle
el anuncio	Ansage
el altavoz	Lautsprecher
el destino	Zielort
diríjanse (*Imp*)	gehen Sie nach...!
listo, a	bereit, fertig
el motivo	Grund
técnico, a	technisch
el retraso	Verspätung
el aviso	Nachricht
aproximadamente	etwa, ungefähr
el remedio	(Heil)mittel
no hay remedio	da hilft nichts

Lektion 12

el taxi	Taxi
el piso	Wohnung, Stockwerk
el edificio	Gebäude
el taxista	Taxifahrer
deber	schulden, sollen
el billete	*hier*: Geldschein
quédese con la vuelta	stimmt schon
la propina	Trinkgeld
el recibo	Quittung
irse	weggehen, wegfahren
hacer la compra	einkaufen gehen
el almuerzo	Mittagessen
antes de que	bevor...
el aperitivo	Aperitif
la botella	Flasche
mientras tanto	indessen
el ascensor	Aufzug
la bolsa (de plástico)	(Plastik)tüte, Tasche
la llave	Schlüssel
parecer (zc)	scheinen
la vista	Aussicht
¡qué vista más bella!	was für eine schöne ~
bello, a	schön
alegrarse (de) que	sich freuen, dass...
el sitio	Ort
disfrutar de	etwas genießen
es probable	es ist wahrscheinlich
la tranquilidad	Ruhe
mientras	während, solange
es posible	es ist möglich
por fin	schließlich
Rioja	berühmte Weingegend in Spanien
almorzar (ue)	zu Mittag essen
hace (+ *Zeitangabe)*	vor
o sea	das heißt
abajo	unten
desde (hace)	seit
el proyecto	Plan, Projekt
el lugar	Ort
la vez (*pl*: las veces)	Mal
tantas veces	so oft

ya no	nicht mehr
el paseo	Spaziergang
el bosque	Wald
el horario	Fahrplan, Stundenplan
convencer	überzeugen
leer	lesen
la novela	Roman
Juan Marsé	zeitgenössischer spanischer Schriftsteller (*1933)
el papá	Papa
el crucigrama	Kreuzworträtsel
construir	bauen
el castillo	Burg
lejos	weit (weg)

Lektion 13

la Semana Santa	Karwoche
Murcia	Stadt u. Region im Südosten Spaniens
aterrizar	landen
despegar	starten
puntual(mente)	pünktlich
durante (*Präp*)	während (*Präp*)
la turbulencia	Turbulenz
la importancia	Bedeutung
solo, a	allein
el novio, la novia	feste(r) Freund, -in
murciano, a	Bewohner v. Murcia
orgulloso, a	stolz
la procesión	Prozession
la voz (*pl:* voces)	Stimme
la azafata	Stewardess
rogar (ue)	bitten
abrochar	befestigen
el cinturón	Sicherheitsgurt
el respaldo	Rückenlehne
la posición	Stellung
vertical	senkrecht, aufrecht
el piloto	Pilot
disminuir	vermindern
la velocidad	Geschwindigkeit
a través de	durch
la capa	Schicht
la nube	Wolke
acercarse a	sich nähern
faltar	fehlen
el metro	Meter
la altitud	Höhe
tocar	berühren, spielen (*Musik*)
el asfalto	Asphalt
la pista de aterrizaje	Landebahn
el choque	Aufprall
el (la) mismo (a)	der (die)selbe, gleiche
mantenerse sentado, a	sitzenbleiben
hasta que (*Konj*)	bis (*Konj*)
alcanzar	erreichen
final	endgültig
detenerse	anhalten
completamente	völlig
recoger	abholen, einsammeln
la entrega de equipajes	Gepäckausgabe
la cinta mecánica	Fließband
sonreír	lächeln
la provincia	Provinz
ofrecer (zc)	anbieten
puesto	*hier*: gedeckt
poner la mesa	den Tisch decken
la mesa está puesta	der Tisch ist gedeckt
enseñar	zeigen, lehren
el plan	Plan, Vorhaben
el paso	Figur der Leidensgeschichte Christi
famoso, a	berühmt
Salzillo	spanischer Bildhauer (1707 – 1783)
el Domingo de Ramos	Palmsonntag
el Jueves Santo	Gründonnerstag
el Viernes Santo	Karfreitag
el penitente	Büßer
la idumentaria	Kleidung, Tracht
tradicional	traditionell
la pareja	Paar
por si acaso	für alle Fälle
ni...ni...	weder noch
perder (ie)	verlieren, verpassen
el momento	Augenblick
darse cuenta de (que)	bemerken
estar roto, a	kaputt sein
¡Qué lástima!	Wie schade!
por ahora	im Augenblick, momentan
el caso	Fall
suficiente	genug
dirigirse a	in Richtung...gehen

Lektion 14

la oficina	Büro
las vacaciones	Ferien, Urlaub
el abogado	Rechtsanwalt
el bufete	Anwaltskanzlei
junto, a (*Adj*)	zusammen
junto (*Adv*)	zusammen
el compañero de estudios	Studienkollege
hacer la carrera de derecho	Jura studieren
Deusto	Jesuitenuniversität in Bilbao
graduarse	einen akademischen Abschluss machen
esquiar	Ski fahren
Sierra Nevada *f*	Gebirge bei Granada
AVE (Alta Velocidad)	Hochgeschwindigkeitszug
Atocha *f*	Bahnhof in Madrid
Córdoba *f*	Stadt in Südspanien
la ocasión	Gelegenheit
de nuevo	wieder
la Mezquita	Moschee
histórico, a	geschichtlich, alt
riquísimo, a	steinreich
varios, as	mehrere
la estación de esquí	Skistation
alquilar	(ver)mieten
el equipo de esquí	Skiausrüstung
el teleférico	Seilbahn
el quiosco	Kiosk
caliente	warm
ir de bares	versch. Bars besuchen
estupendo, a	phantastisch, toll
la Alhambra	maurisches Schloss bei Granada
el Generalife	Gartenanlage der Alhambra
la época	Epoche, Zeit
es una maravilla	ist wunderschön
en flor	blühend
sobre todo	vor allem
la capilla	Kapelle
real	königlich, wirklich
estar enterrado, a	begraben sein
el rey	König
católico, a	katholisch
Fernando de Aragoón	(1452 – 1516)
Isabel de Castilla	(1451 – 1504)
el concierto	Konzert
Carlos V	Kaiser Karl V. (1500 – 1558)
el coro	Chor
el/la solista	Solist/in
la orquesta	Orchester
interpretar	aufführen
la Pasión según Mateo	Matthäuspassion
la música clásica	klassische Musik
claro que sí	ja natürlich
importante	wichtig
igual no	vielleicht nicht
Sevilla	Stadt in Südspanien
Valladolid	Stadt in Zentralspanien
impresionante	beeindruckend
disculpar	entschuldigen
el cliente	Kunde, Klient
la vivencia	Erlebnis

Lektion 15

antiguo, a	alt (*nach Subst*) ehemalig (*vor Subst*)
la promoción	*hier*: Abschlussjahrgang
reunirse	sich treffen
Segovia	span. Stadt nördlich von Madrid
celebrar	feiern
el aniversario	Jahrestag
la graduación	Studienabschluss
escoger	auswählen
central	zentral
dar una vuelta	e. Rundgang machen
el acueducto	Aquädukt
el alcázar	Burg, Schloss
documentar	dokumentieren, festhalten
excepcional	außergewöhnlich
ponerse en marcha	losgehen, aufbrechen
el/la turista	Tourist/in
(el/la) japonés, a	(Japaner/in) japanisch
el fotógrafo	Fotograf
amable	nett, liebenswürdig
el año de estudios	Studienjahr
acordarse (ue) de	s. erinnern an
desde luego	selbstverständlich

estábamos	wir waren
nervioso, a	nervös
morir (ue, u)	sterben
anteayer	vorgestern
el enamorado	der Verliebte
casarse	heiraten
estar divorciado	geschieden sein
la verdad	Wahrheit
retirado, a	zurückgezogen
el campo	Land, Feld
La Coruña	Stadt im Nordwesten Spaniens
lo único	das einzige
el minibús	Kleinbus
la especialidad	Spezialität
conocido, a	bekannt
el cochinillo	Spanferkel
asado, a	gebraten
el alcohol	Alkohol
se despidieron	sie verabschiedeten sich
pasado mañana	übermorgen
el billete de avión	Flugkarte
el dólar	Dollar
el encuentro	Treffen

Lektion 16

el barrendero	Straßenkehrer
alrededor de	um ... herum
el accidente	Unfall
la vida	Leben
ganarse la vida	den Lebensunterhalt verdienen
estar casado, a	verheiratet sein
hermoso, a	hübsch, schön
el mono	einteiliger Arbeitsanzug
de costumbre	üblicherweise, gewöhnlich
hacía sol	die Sonne schien
fresco, a	frisch
lo que (*Rel Pron*)	was *(Rel Pron)*
tener prisa	es eilig haben
el carro	Karren
vaciar	(aus)leeren
el recipiente	Behälter
la basura	Abfall
uno tras otro	einer nach dem anderen
el papel	Papier
la colilla	Kippe
el cigarrillo	Zigarette
la acera	Bürgersteig
empujar	schieben
rubio, a	blond
perdonar	entschuldigen
completo, a	völlig
seguir (i) *(+ Akk)*	folgen
el semáforo	Ampel
torcer (ue)	abbiegen
los correos	Post
¡siga recto! (*Imp*)	gehen Sie geradeaus!
al otro lado	auf der anderen Seite
el lado	Seite
no hay de qué	keine Ursache
simpático, a	sympathisch
desaparecer (zc)	verschwinden
detrás de	hinter
el camión	Lastwagen
aparcar	parken
frente a	gegenüber
los artículos electrodomésticos	elektrische Haushaltsgeräte
el alboroto	(lauter) Lärm
el perro	Hund
ladrar	bellen
tratar de	versuchen
separar	trennen
imposible	unmöglich
el dueño	Besitzer
el animal	Tier
la comida casera	Hausmannskost
cuyo, a	deren, dessen
¿cómo te va?	wie geht es dir?
el intento	Versuch
el robo	Raub, Diebstahl
joven	jung
quien (*Rel Pron*)	der, die, das *(Rel Pron)*
obviamente	offensichtlich
soñador	verträumt, geistesabwesend
el monedero	Geldbörse
el bolsillo	Hosentasche
el ladrón	Dieb
quitar	wegnehmen
¡cuidado! *m*	Vorsicht!
gritar	rufen
la víctima	Opfer *(eines Unfalls o. Überfalls)*
la muchedumbre	Menschenmenge

brillar	strahlen, glänzen
la alegría	Freude

Lektion 17

la felicidad	Glück
relativo, a	relativ
la colonia de vacaciones	Ferienkolonie
la prisa	Eile
la parroquia	Pfarrei
fuera	auswärts
el matrimonio	Ehe
aumentar	zunehmen
el puesto (de trabajo)	Stellung, Arbeitsplatz
la maestra	Volksschullehrerin
natural	natürlich
el mundo	Welt
el instituto de enseñanza media	Gymnasium
la decisión	Entscheidung
el principio	Anfang
discutir	diskutieren
el asunto	Angelegenheit
acostumbrarse a	sich gewöhnen an
el Mar Menor	das kleine Meer (Küstenlandschaft bei) Murcia
frustrado, a	frustriert
la vida matrimonial	Eheleben
soñar (ue)	(er)träumen
soñar con	träumen von
recientemente	vor kurzem
melancólico, a	melancholisch
sentarse (ie)	sich setzen
tener razón	Recht haben
el otro día	neulich
anunciar	ankündigen
la correspondencia	Umsteigemöglichkeit
la línea	Linie
despacio (*Adv*)	langsam
contemplar	betrachten
el escaparate	Schaufenster
el piropo	Kompliment
guapo, a	schön
el lápiz labial	Lippenstift
probar (ue)	ausprobieren
el perfume	Parfüm
la sombra	Schatten
el parasol	Sonnenschirm
la tónica	Tonicwater
el zumo	Saft
respectivamente	beziehungsweise
el pájaro	Vogel

Lektion 18

las prácticas	Praktikum
aplicar	anwenden
la solicitud	Bewerbung
la empresa turística	Tourismusbetrieb
conseguir (i)	etw. zustande bringen
Bilbao	span. Stadt im Baskenland
la estrella	Stern
pleno, a	voll, völlig
vasco, a	baskisch
el examen	Prüfung
inmediatamente	sofort
prometer	versprechen
el jefe de personal	Personalchef
saludar	(be)grüßen
presentar	vorstellen
el (la) colega	Mitarbeiter (in)
la actividad	Tätigkeit
el servicio	Dienst
la recepción	Rezeption
utilizar	verwenden
el inglés	das Englische
el francés	das Französische
naturalmente	natürlich
la lengua materna	Muttersprache
el alemán	das Deutsche
seguir (i)	*hier*: fortfahren, weitermachen
el comentario	Kommentar, Bemerkung
repetir (i)	wiederholen
es que...	nämlich
el extranjero	Ausländer
la extranjera	Ausländerin
la dificultad	Schwierigkeit
normalmente	normalerweise
sensato, a	vernünftig
lentamente	langsam
entender (ie)	verstehen
el progreso	Fortschritt
el dominio	Beherrschung
la lengua castellana	anderer Ausdruck für „español“
la palabra	Wort

el euskera	das Baskische (*auf Baskisch*)
pedir (i)	verlangen, bestellen
organizar	organisieren
el congreso	Kongress
significar	bedeuten
el reto	Herausforderung
el pliego	Briefbogen
el membrete	gedruckter Briefkopf
Hnos (hermanos) *m/pl*	Gebrüder
S.A. (Sociedad Anónima)	A.G. (Aktiengesellschaft)
C/ (calle) *f*	Straße
Ref. (referencia)	Bezug
Muy señores nuestros	Sehr geehrte Damen und Herren
acusar recibo	Eingang bestätigen
atento, a	aufmerksam, höflich
la sala de reuniones	Sitzungssaal
los servicios	Dienstleistungen
correspondiente	entsprechend
el número	(An)zahl
el (la) participante	Teilnehmer (in)
la cocina	*hier:* Kost
internacional	international
según	je nach
el deseo	Wunsch
adjunto (*Adv*)	beiliegend
enviar	schicken, senden
actual	aktuell, momentan
la lista de precios	Preisliste
asegurar	versichern
en el caso de que (+ *subj*)	falls
favorecer (zc)	begünstigen
haremos (hacer)	wir werden machen
especial	besonders
temer	(be)fürchten
la competencia	Konkurrenz
la respuesta	Antwort
p.o. (por orden)	i. A. (im Auftrag)
el anexo	Anlage

Lektion 19

el título	Überschrift
la prueba	Prüfung
oral	mündlich
la pregunta	Frage
obtener (*wie tener*)	erhalten
la calificación	Note, Bewertung
sobresaliente	sehr gut, hervorragend
matinal	morgendlich
el futuro	Zukunft
la obligación	Verpflichtung
la región	Gegend
Marsella	Marseille
la costa	Küste
quizá(s) (+ *subj*)	vielleicht
enamorarse	sich verlieben
resuelto, a	gelöst
la orilla	Ufer
el (Mar)Mediterráneo	Mittelmeer
propio, a	eigen
tener ganas	Lust haben
al final	schließlich, am Ende
seguramente	sicher(lich)
preferir (ie, -i)	vorziehen
el empleo	Arbeit, Stellung
demasiado (*Adj/Adv*)	zu..., zu viel
el cartel	Plakat
inventar	erfinden
el spot publicitario	Werbespot
la radio	Radio
la televisión	Fernsehen
el slogan publicitario	Werbespruch
publicar	veröffentlichen
la revista	Zeitschrift
en fin	schließlich
el gato	Katze
la parejita	Pärchen
a pesar de	trotz
cuidar	aufpassen auf
al principio	am Anfang
el colegio	Schule
prestigioso, a	berühmt, angesehen
en el campo	auf dem Land
de vez en cuando	ab und zu
dominical	sonntäglich
el despertador	Wecker
presentarse	antreten

Lektion 20

el estreno	Einweihung
festejar	feiern
los familiares	die Verwandten
cortar	schneiden

convertir (ie, i)	umwandeln
la sala de fiestas	Festsaal
el (la) invitado (a)	Gast
heredar	erben
entonces	*hier:* damals
el interés	Interesse, Zins
el tipo de interés	Zinssatz
bajo, a	niedrig
atreverse a	wagen (zu tun)
la parcela	Grundstück
el metro cuadrado	Quadratmeter
la zona	Gebiet
aceptable	annehmbar
el solar	Baugrundstück
el plano	Bauplan, Stadtplan
el arquitecto	Architekt
realizar	verwirklichen
el evento	Ereignis
los cimientos	Grundmauern
el muro	Mauer
el albañil	Maurer
la armadura	Dachstuhl
el carpintero	Zimmermann
el fontanero	Installateur, Klempner
la fama	Ruf
convenido, a	vereinbart
advertir (ie, i) algo (*transitiv*)	aufmerksam machen, warnen
consentir (ie, i)	zustimmen
aunque (+ *ind)*	obwohl
aunque (*+subj)*	selbst wenn
sentir (ie,i)	fühlen, leid tun
lo siento	es tut mir leid
la preferencia	Vorzug
burlarse de	s. lustig machen über
invertir (ie, i)	investieren
el alquiler	Miete, Mietzins
el ramo de flores	Blumenstrauß
el florero	Vase
la cerámica	Keramik
hiperactivo, a	lebhaft
seguro, a	sicher
brindar por	anstoßen auf
el cava	span. Sekt
el móvil	Handy

Lektion 21

las noticias	Nachrichten
nacional	national
el programa	Programm
las (Islas) Canarias	Kanarische Inseln
el (la) oyente	Hörer (in)
el presidente	Präsident, Chef
el gobierno	Regierung
el ministro	Minister
la Zarzuela	Wohnsitz des Königs in Madrid
la solución	Lösung
cada vez más grave	immer schlimmer
el paro	Arbeitslosigkeit
informar	informieren
actualmente	zur Zeit
el porcentaje	Prozentsatz
elevado, a	hoch
el parado	Arbeitsloser
superar	überschreiten
la cifra	Zahl, Ziffer
la medida	Maßnahme
mejorar	verbessern
cuanto antes	so bald wie möglich
elaborar	ausarbeiten
la readaptación profesional	Umschulung
el perfeccionamiento	Verbesserung, Fortbildung
la formación	Ausbildung
el congreso	Kongress (=Abgeordnetenhaus)
conceder	bewilligen
la realización	Durchführung
dicho, a	erwähnte,-r,-s, besagte, -r, -s
poner en práctica	umsetzen
a partir de	von...an
vizcaíno, a	*Adj. von:* Vizcaya
la manifestación antiterrorista	Demonstration gegen Terrorismus
a última hora	spät
el portavoz	Sprecher
el manifestante	Demonstrant
declarar	erklären, sagen
la mayoría	Mehrheit
el vasco	Baske
estar harto, a de	genug haben von
el acto terrorista	Terroranschlag
ETA	baskische Terroristenorganisation
el sentido	Sinn
político, a	politisch
tolerar	dulden
el partido	Partei
simpatizante	sympathisierend
regional	regional

el Lehendakari	Titel des baskischen Regierungschefs
la rueda de prensa	Pressekonferenz
el ministro del Interior	Innenminister
el gabinete	Kabinett
la prohibición	Verbot
Euskadi *m*	Baskenland (*auf Baskisch)*
Logroño	Stadt i. Nordspanien
la carretera	Landstraße
riojano, a	*Adj von*: la Rioja
la localidad	Ort
Haro	Stadt i. Nordspanien
el hospital	Krankenhaus
Virgen del Carmen *f*	Jungfrau vom Berge Carmel
la herida	Verletzung
~ de gravedad	schwere Verletzung
el conductor	Chauffeur
el vehículo	Fahrzeug
chocar con	zusammenstoßen mit
soleado, a	sonnig
la mayor parte	der größte Teil
el Cantábrico	Gegend in Nordspanien
el alto Ebro	Oberlauf des Ebro
la parte	Teil
Cataluña *f*	Katalonien
observar	beobachten
moderado, a	mäßig
la temperatura	Temperatur
estacional	der Jahreszeit entsprechend
ligeramente	leicht, wenig
superior	höher
apagar	ausschalten
siempre pasa igual	es ist immer das Gleiche
el político	Politiker
en silencio	ruhig

Lektion 22

el movimiento	Bewegung
navideño, a	weihnachtlich
distribuir	verteilen
el folleto	Faltblatt, Broschüre
la institución	Einrichtung
el país	Land
pobre	arm, elend
llamado, a	sogenannt
América Latina *f*	Lateinamerika
coger	nehmen
inocente	unschuldig
el toldo (de plástico)	(Plastik)Plane
las afueras	Außenbezirk
la tele (*Kurzform*)	Fernsehen
la tasca	Kneipe
el barrio	Stadtviertel
el asado	Braten
el caramelo	Bonbon
el Papá Noel	Weihnachtsmann
el indio	Indio, Indianer
Chiapas	Provinz in Südmexiko
expresar	ausdrücken
¡ojalá! (+ *subj*)	wenn doch!
comer hasta saciarse	s. satt essen
el cielo	Himmel
mestizo, a *m/f*	Mischling, Mestize
manifestar (ie)	z. Ausdruck bringen
el anhelo	Sehnsucht
la manera	Art und Weise
siguiente	folgend
la muñeca	Puppe
el Niño Jesús	Jesuskind
lindo, a	hübsch
el chocolate	Schokolade
la golosina	Süßigkeit
la realidad	Wirklichkeit
el brillo	Glanz
ansioso, a	sehnsüchtig
boliviano, a	bolivianisch
continuar	fortfahren
la lectura	Lektüre
entretanto	inzwischen, indessen
común	üblich
la choza	Hütte
humilde	bescheiden
sufrir	leiden
la guerra civil	Bürgerkrieg
la paz	Friede
el miedo	Angst
huérfano, a	Waise, Waisen-,
las favelas	Slums *(in Brasilien)*
el hogar	Heim
la dicha	Glück
verdadero, a	wahrhaft
el texto	Text

el grito	Schrei, Ruf
ciego, a	blind
gordo, a	dick
el gordo	Hauptgewinn
realista	realistisch
donar	spenden
la cuenta para los donativos	Spendenkonto
estar involucrado,a en	befasst sein mit
América del Sur *f*	Südamerika

Lektion 23

el crimen	Verbrechen
el castigo	Strafe
la culpa	Schuld
la expiación	Sühne
la cárcel	Gefängnis
el proceso	Prozess
finalizar	zu Ende gehen
la condena	Verurteilung
la reclusión	Haft
el homicidio	Totschlag
de sobra	im Überfluss
reflexionar	nachdenken
hacer caso a	hören auf
el Jaguar	Jaguar *(Spitzname)*
terminar	*hier*: ausgehen
la hora punta	Stoßzeit
repleto, a	überfüllt
fingir	vorgeben
ligar con	anmachen, *(Mädchen)*
defender (se) (ie)	(sich) verteidigen
la atención	Aufmerksamkeit
concentrarse	sich konzentrieren
robar	stehlen, rauben
la cartera	Brieftasche
el éxito	Erfolg
adivinar	erraten
la estrategia	Strategie
llamar	(an) rufen
escapar	entkommen
contentarse con	s. zufrieden geben mit
la acción	Handlung, Tat
recto, a	gerade
el camino	Weg
la honradez	Ehrlichkeit
importar	*hier*: ausmachen
matar	töten
fatal	schicksalhaft
la pelílcula policíaca	Krimi
procurar	beschaffen
la pistola	Pistole
el sistema de alarma	Alarmanlage
la parte trasera	Hinterteil
saquear	plündern
la policía	Polizei
posiblemente	möglicherweise
los nervios	Nerven
disparar	schießen
huir	fliehen
el campesino	Bauer
fallecer	sterben
el traslado	Transport, Fahrt
la frontera	Grenze
Libia *f*	Libyen
Marruecos *m*	Marokko
esconderse	untertauchen, sich verstecken
entregarse	sich stellen
recuperar	wieder erlangen
la serenidad	Ruhe, Gelassenheit
ruso, a	russisch
la esperanza	Hoffnung
curar	heilen

Lektion 24

el curso de verano	Sommerkurs
Santander	Stadt i. Nordspanien
partcipar en	teilnehmen an
explicar	erklären
la diferencia	Unterschied
el uso	Gebrauch
los Picos de Europa	Gebirge i. Nordspan.
la tienda de campaña	Zelt
la naturaleza	Natur
el río	Fluss
el riachuelo	Bach
el bote neumático	Schlauchboot
la aventura	Abenteuer
el monte	Berg
caminar	wandern
el/la vecino/a	Nachbar/in
la frase	Satz
el verbo	Verb
el elemento	Teil
la comparación	Vergleich
prestar atención	aufpassen
fácil	leicht
claro	natürlich
el pensamiento	Gedanke
el hornillo de gas	Gaskocher
la olla	Kochtopf

la lata	Dose
el plato preparado	Fertiggericht
pelar	schälen
la verdura	Gemüse
el fuego	Feuer
la guitarra	Gitarre
¡qué maravilla!	wie schön!
el vocabulario	Wortschatz
el aula *f*	Hörsaal
el castellano	Spanisch *wörtl.*:das Kastilische
¡permiso!	Entschuldigung!
alto,a	groß
atractivo, a	interessant, attraktiv
no sólo.....sino también	nicht nur...sondern auch
el festival	Festspiele
Escocia *f*	Schottland
el Ballet [balé] Nacional Español	spanisches Nationalballett
el espectáculo	Vorführung
el baile	Tanz
flamenco	andalusische Musik
el claustro	Kreuzgang
el recital	Konzert
el Renacimiento	Renaissance
dormirse (se) (ue,u)	(ein)schlafen

Lektion 25

el camino de Santiago	Jakobsweg
salir	ausgehen, *hier:* aufgehen
despierto, a	wach
profundo, a	tief
el sueño	Traum
la huella	Spur
el peregrino	Pilger
la leyenda	Legende
la tumba	Grab
el apóstol	Apostel
Santiago el mayor	St. Jakobus d. Ältere
el siglo	Jahrhundert
la tiza	Kreide
la pizarra	Tafel
la experiencia	Erfahrung
Navarra	Gegend i. Nordspanien
Roncesvalles	Ort in Nordspanien
Estella	Ort in Nordspanien
el grupo	Gruppe
los años de pregrado	Studienjahre
Múnich	München
los Pirineos	Pyrenäen
Zaragoza	span. Stadt am Ebro
la edad	Alter
nacer (zc)	geboren werden
auténtico, a	authentisch
en vista de	in Anbetracht
enorme	riesig
la distancia	Entfernung
la opción	Option
por ello	deswegen
inferior	zweitrangig
jacobeo, a	Jakobs -,
el refugio	Hütte, Herberge
calentar (ie)	wärmen
la tierra	Erde
estornudar	niesen
¡Jesús !	Helf Gott! Gesundheit!
el kilómetro	Kilometer
dormir como un lirón	wie ein Murmeltier schlafen
la caminata	Wegstrecke
marcharse	losgehen, abmarschieren
lo antes posible	so bald wie möglich
la marcha	Marsch
la etapa	Etappe
en fila india	im Gänsemarsch
cargar	beladen
adelantar	überholen
el mercado	Markt
el chófer	Chauffeur, Fahrer
vacilar	zögern
el ofrecimiento	Angebot
la Edad Media	Mittelalter
el medio de transporte	Verkehrsmittel
tranquilizar	beruhigen
la conciencia	Gewissen, Bewußtsein

Lektion 26

ocupar	besetzen, einnehmen
la Península Ibérica	iberische Halbinsel
el archipiélago	Inselgruppe
el territorio	Gebiet
~ nacional	Staatsgebiet
el habitante	Einwohner

peninsular (*Adj*)	Halbinsel -,
caracterizar	charakterisieren
la altura	Höhe
Suiza *f*	Schweiz
montañoso, a	bergig
la cordillera	Gebirgszug
la altiplanicie	Hochebene
la meseta	Hochebene
el nivel del mar	Meeresspiegel
dividir	teilen
la llanura baja	Tiefebene
hallarse	sich befinden
desembocar	münden
el Atlántico	Atlantik
el clima	Klima
abundante	häufig
caluroso, a	heiß
suave	mild
permanente	andauernd
bravo, a	wild
dorado, a	golden
el azahar	Orangenblüte
el dictador	Diktator
la monarquía consti-	konstitutionelle Mo-
tucional	narchie
la cámara	Kammer
el diputado	Abgeordneter
antiguamente	früher
el senado	Senat
la estructura	Struktur
federal	föderal
consistir en	bestehen aus
la región autónoma	autonome Region (*wie Bundesland*)
elegir (i)	wählen
el parlamento	Parlament
cooperar	kooperieren
la comunidad	autonome Region
la cooficialidad	*hier*: Gleichberechti-gung
la capital	Hauptstadt
la agricultura	Landwirtschaft
la ganadería	Viehzucht
la pesca	Fischfang
creciente	wachsend
formar parte de	Teil sein von
la Unión Europea (UE)	die europäische Union (EU)

Lektion 27

el genovés	der Mann aus Genua
el mandante	Auftraggeber
los Reyes Católicos	die katholischen Kö-nige
el suelo	Boden
fértil	fruchtbar
el mandarín	Mandarin (*in China gesprochen*)
en efecto	in der Tat
cruzar	überqueren
Río Grande del Norte	Grenzfluss zwischen USA u. Mexiko
el continente	Kontinent
sudamericano, a	südamerikanisch
perderse	sich verlieren
la multitud	Vielzahl
la isla	Insel
el glaciar	Gletscher
Patagonia *f*	Patagonien
argentino, a	argentinisch
el portugués	das Portugiesische
(el) Brasil	Brasilien
la presencia	Anwesenheit
resultar de	zurückgehen auf
el tratado	Vertrag
Tordesillas	Stadt in Zentralspa-nien
trazar	ziehen
la posesión	Besitzung
la conquista	Eroberung
el descubrimiento	Entdeckung
sangriento, a	blutig
la lucha	Kampf
el pueblo	Volk, Dorf
indígena (*m + f*)	eingeboren
la barbaridad	Grausamkeit
el conquistador	Eroberer
los aztecas	Azteken
Méjico *m*	Mexiko
México *m*	Mexiko
destruir	zerstören
el imperio	Reich
los incas	Inkas
ubicado, a	gelegen
(el) Perú	Peru
Bolivia *f*	Bolivien
Ecuador *m*	Ekuador
Argentina *f*	Argentinien
la selva	Urwald
brasileño, a	brasilianisch

independizarse	s. selbständig machen
el gobierno colonial	Kolonialherrschaft
explotar	ausbeuten
el virrey	Vizekönig
la ley	Gesetz
las Leyes de Indias	Gesetze für die amerikan. Kolonien Spaniens
la corona	Krone
la rebelión	Aufstand
por parte de	seitens
destacado	erwähnenswert, bedeutend
la independencia	Unabhängigkeit
penoso, a	mühevoll
la toma	Einnahme, Besetzung
Caracas	Hauptstadt Venezuelas
el libertador	Befreier
trágico, a	tragisch
la colonia	Kolonie
latinoamericano, a	lateinamerikanisch
luchar	kämpfen
subdesarrollado, a	unterentwickelt
los países en vía de desarrollo	Schwellenländer
industrial	industriell
el desequilibrio	Ungleichgewicht
demográfico, a	Bevölkerungs -,
alarmante	beunruhigend
sobrepoblado, a	überbevölkert
desatendido, a	vernachläßigt
constituir	darstellen, sein
la fuente	Quelle
los ingresos	Einnahmen
la oferta turística	Tourismusangebot
incluir	einschließen
las culturas precolombinas	Kulturen der Ureinwohner Amerikas
el lugar arqueológico	archäologische Fundstelle
los mayas	Mayas
la Isla de Pascua	Osterinsel
la estatua	Standbild
enigmático, a	rätselhaft
la variedad	Vielfalt
el altiplano	Hochebene
peruano, a	peruanisch
amazónico, a	Amazonas -,
el atractivo	Anziehungspunkt
el Caribe	Karibik
Cuba *f*	Kuba
la República Dominicana	Dominikanische Republik
receptivo, a	aufnehmend, rezeptiv
en cuanto a	was betrifft
imitar	nachahmen
el modelo	Vorbild
la expresión artística	künstlerischer Ausdruck
admirar	bewundern
entero, a	ganz
la literatura narrativa	erzählende Literatur
el autor	Autor
Gabriel García Márquez	kolumbianischer Schriftsteller
Mario Vargas Llosa	peruanischer Schriftsteller
Ernesto Sabato	argentinischer ~
traducir	übersetzen
la escuela de pintura	Malereistil (~ schule)
el muralismo mexicano	Wandmalerei i. Mex.
el/la artista	Künstler/in
la amenaza	Bedrohung
residir en	liegen in
la inestabilidad	Unbeständigkeit
latente	latent
la raíz (*pl*: raíces)	Wurzel
la desigualdad	Ungleichheit
social	gesellschaftlich
la herencia	Erbe
los tiempos coloniales	Kolonialzeit

Alphabetisches Wörterverzeichnis

A

a *(Präp)* zu, nach *(Frage: wohin?)*, 2
a casa nach Hause, 2
a eso de.. gegen *(Uhrzeit)*, 8
a la derecha rechts, 5
a al izquierda links, 5
a la plancha auf einer heißen Metallplatte gebraten, 7
a mediodía mittags, 9
a partir de von...an, 21
a pesar de trotz, 19
a través de durch, 13
a última hora spät, 21
abajo unten, 12
abeto *m* Fichte, Tanne, 12
abogado *m* Rechtsanwalt, 14
abonar be-,einzahlen, 22
abono en cuenta *m* Gutschrift, 22
abrazar umarmen, 8
abrazo *m* Umarmung, 7
abrigo *m* (Winter-) Mantel, 6
abrir öffnen, 5
abrochar befestigen, 13
abuela *f* Großmutter, 5
abuelo *m* Großvater, 5
abuelos *m/pl* Großeltern,5
abundante häufig, 26
aburrirse s. langweilen, 7
acabar de hacer soeben getan haben, 10
accidente *m* Unfall, 16
acción *f* Handlung, Tat, 23
aceite *m* Öl, 8
aceituna *f* Olive, 8
acelerador *m* Gaspedal, 10
acelgas *f/pl* Mangold, 7
aceptable annehmbar, 20
acera *f* Bürgersteig, 16
acercarse a s. nähern, 13
acordarse (ue) s. erinnern an, 15
acostarse (ue) sich hinlegen, 20
acostumbrarse a sich gewöhnen an, 17
actividad *f* Tätigkeit, 18
acto terrorista *m* Terroranschlag, 21
actual aktuell, momentan, 18
actualmente zur Zeit, 21
acueducto *m* Aquädukt, 15
acusar recibo den Eingang bestätigen, 18
adelantar überholen, 25
además außerdem, 9
adiós auf Wiedersehen, 2
adivinar erraten, 23
adjunto *(Adv)* beiliegend, 18
admirar bewundern, 27
adónde wohin, 8
advertir (ie, i) aufmerksam machen, warnen, 20
aeropuerto *m* Flughafen, 11
afeitarse sich rasieren, 6
afortunadamente glücklicherweise, 11
afueras *f/pl* Umgebung 22
agradable angenehm, 6
agricultura *f* Landwirtschaft, 26
agua (el) *f* Wasser, 7
agua mineral con/sin gas *f* Mineralwasser mit/ohne Kohlensäure, 7
ahí dort, 8
ahora jetzt, 1
ahora mismo jetzt gleich, sofort, 5
ahorrar sparen, 7
aire *m* Luft, 10
aire acondicionado *m* Klimaanlage, 11
ajo *m* Knoblauch, 8
al final zum Schluss, 19
al lado de neben, 5
al otro lado auf der anderen Seite, 16
al principio am Anfang,19
alarmante beunruhigend, 27
albañil *m* Maurer, 20
albóndiga *f* Fleischklößchen, 7
alboroto *m* Lärm, 16
alcanzar erreichen, 13
alcázar *m* Burg, Schloss, 15
alcohol *m* Alkohol, 15
alegrarse (de) que sich freuen, dass.., 12
alegría *f* Freude, 16
alemán, a der, die Deutsche, deutsch, das Deutsche, 18
Alemania *f* Deutschland, 1
alfombra *f* Teppich, 4
algo etwas, 7
algo más sonst noch ein Wunsch? 8
alguien jemand, 7
alguno, a, algún irgendeine,-r,-s, 3
algunos, as ein paar, 3
allí dort, 7
almorzar (ue) zu Mittag essen, 12
almuerzo *m* Mittagessen, 12
alpargatos *f/pl* Leinenschuhe (*in Spanien sehr üblich*), 6
alpinismo *m* das Bergsteigen, 25
alquilar (ver-)mieten, 14
alquiler *m* Miete, Mietzins, 20
alrededor de um herum, annähernd, 16
altavoz *m* Lautsprecher, 11
altiplanicie *f* Hochebene, 26
altiplano *m* Hochebene, 27
altitud *f* Höhe, 13
alto, a groß, hoch, 24
alto Ebro *m* Oberlauf d. Ebro, 21
altura *f* Höhe, 26
alubia *f* weiße Bohne, 7
alumno *m* Student, 1
alumno de intercambio *m* Austauschstudent, 1
amable liebensürdig, nett, 15
amarillo, a gelb, 6
amazónico, a zum Amazonas gehörig, 27
ambiente *m* Umgebung, Ambiente, 10
amenaza *f* Bedrohung, 27
América del Sur *f* Südamerika, 22
América Latina *f* Lateinamerika, 22
americana *f* Jacke, Sakko, 6
amigo,a *m/f* Freund/in 2
amor *m* Liebe, Liebling, 11
añadir hinzufügen 5
andén *m* Bahnsteig, 11
andinismo *m* das Bergsteigen *(in den Anden)*, 25
anexo *m* Anlage, 18
anhelo *m* Sehnsucht, 22

animal *m* Tier, 16
aniversario *m* Jahrestag, 15
año *m* Jahr, 3
año de estudios *m* Studienjahr, 15
Año Nuevo *m* Neujahr, 13
anoche gestern Abend, 15
anorak *m* Anorak, 14
años de pregrado *m/pl* Studienjahre, 25
ansioso, a sehnsüchtig, 22
anteanoche vorgestern Abend, 15
anteayer vorgestern, 15
antes vorher, 11
antes de que bevor..., 12
antes de (+ *Inf)* bevor *(+Nebensatz)*, 3
anticiclón *m* Hochdruckgebiet, 17
antiguamente früher, 26
antiguo, a alt, ehemalig, 15
anunciar ankündigen, verkünden, 17
anuncio *m* Ansage, 11
apagar ausschalten, 21
aparcamiento *m* Parkplatz, 4
aparcar parken, 16
aperitivo *m* Aperitif, 12
apetecer schmecken, 9
apetito *m* Appetit, 9
aplicar anwenden, 18
apóstol *m* Apostel, 25
aprender lernen, erfahren, 7
aprobado befriedigend, ausreichend *(span. Benotung),* 19
apropiado, a geeignet, 10
aprovechar (aus-)nutzen, 11
aproximadamente etwa, ungefähr, 11
apuntes *m/pl* Aufzeichnungen, 10
aquel jener, 8
aquí hier, 1
arándano *m* Blaubeere, 12
árbitro *m* Schiedsrichter, 24
árbol *m* Baum, 5
árbol de Navidad *m* Christbaum, 13
arbusto *m* Strauch, 5
archipiélago *m* Inselgruppe, 26
área (el) *f* Bereich, Gebiet, 11
área de servicios (el) *f* Autobahnraststätte, 10
arena *f* Sand, 10
Argentina *f* Argentinien, 27
argentino,a argentinisch, 27
armadura *f* Dachstuhl, 20
armario *m* Schrank, 18
arquitecto *m* Architekt, 20
arreglar aufräumen, 4
arriba *(Adv)* oben, 5
arroba *f* Klammeraffe, @, 22
arroz (con leche) *m* (Milch-)Reis, 7
Arte *m* Kunststudium, 15
artesano *m* Handwerker, 20
artículo electrodoméstico *m* elektrisches Haushaltsgerät, 16
artista *m/f* Künstler/in 27
asado *m* Braten, 22
asado, a gebraten, 15
ascensor *m* Aufzug, 12
asegurar versichern, 18
asesinato *m* Mord, 23
asesino *m* Mörder, 23
asfalto *m* Asphalt, 13
así so, auf diese Weise, 8
así que so dass, 11
aspirador *m* Staubsauger, 4
asunto *m* Angelegenheit, 17
atención *f* Aufmerksamkeit, 23
atento, a aufmerksam, höflich, 18
aterrizar landen, 13
Atlántico *m* Atlantik, 26
atractivo *m* Anziehungspunkt, 27
atractivo, a interessant, attraktiv, 24
atreverse a wagen zu tun, 20
aula (el) *f* Hörsaal, 24
aumentar zunehmen, 17
aunque (+ *Ind)* obwohl, 20
aunque (+ *subj)* selbst wenn, 20
auscultar abhören *(med)*, 9
auténtico, a authentisch, 25
autobús *m* Bus(-linie), 11
autocar *m* Reisebus, 11
autopista *f* Autobahn, 10
autor *m* Autor, 27
aventura *f* Abenteuer, 24
avión *m* Flugzeug, 11
aviso *m* Nachricht, 11
ayer gestern, 15
ayuda *f* Hilfe, 4
ayudar *(+Akk)* helfen, 4
ayuntamiento *m* Rathaus, 25
azafata *f* Stewardess, 13
azahar *m* Orangenblüte, 26
aztecas *m/pl* Azteken, 27
azúcar *m* Zucker, 1
azul blau, 6

B

bachillerato *m* Abitur, 10
bailar tanzen, 3
baile *m* Tanz, 24
bajar hinuntergehen, aussteigen, 11
bajo *(Präp)* unter, 20
bajo, a niedrig, 20
balcón *m* Balkon, 5
ballet [balé] *m* Ballett, 24
balneario *m* Badeort, 25
baloncesto *m* Basketball, 24
bañador *m* Badeanzug (~hose), 10
banco *m* Bank, 7
baño *m* Bad, 4
bar *m* Bar (Stehimbiss), 1
barbaridad *f* Grausamkeit, 27
barco *m* Schiff, 11
barman *m* Barkeeper, 1
barra *f* Tresen, 1
barrendero *m* Straßenkehrer, 16
barriga *f* Bauch, 9
barrio *m* Stadtviertel, 22
bastante *(Adv)* ziemlich (viel), 6
basura *f* Abfall, 16
beber trinken, 5
bebida *f* Getränk, 1
bebida refrescante *f* Erfrischungsgetränk, 8
beca *f* Stipendium, 7
belén *m* Krippe, 13
bello, a schön, 12
bicicleta *f* Fahrrad, 11
bien *(Adv)* gut, 1
bienvenido, a willkommen, 5
bikini *m* Bikini, 10
billete *m* Fahrkarte, Geldschein, 11
billete de avión *m* Flugkarte, 15

blanco, a weiß, 6
blusa *f* Bluse, 6
boca *f* Mund, 9
bocadillo *m* belegtes Brot, 10
boina *f* Baskenmütze, 6
bolígrafo *m* Kugelschreiber, 2
Bolivia *f* Bolivien, 27
boliviano, a bolivianisch, 22
bollería *f* Gebäck, 1
bollo *m* süßes Hefegebäck, 1
bolsa (de plástico) *f* (Plastik-) Tüte, Tasche, 12
bolsillo *m* Hosentasche 16
bolso *m* (Hand-)Tasche, 16
bonito, a hübsch, 2
borrasca *f* Tiefdruckgebiet, 17
bosque *m* Wald, 12
bota *f* Stiefel, 6
bote neumático *m* Schlauchboot, 24
botella *f* Flasche, 12
bragas *f/pl* Damenunterhose, 6
Brasil (el) *m* Brasilien, 27
brasileño, a brasilianisch, 27
bravo, a wild, 26
brazo *m* Arm, 9
brillar glänzen, strahlen, 16
brillo *m* Glanz, 22
brindar por anstoßen auf, 20
bronceador *m* Sonnencreme, 10
buceador *m* Taucher, 10
buceo *m* Tauchsport, 10
¡buen provecho! Guten Appetit! 8
bueno,a, buen *(Adj)* gut, 2
bufanda *f* Schal, 6
bufete *m* Anwaltskanzlei, 14
buque *m* Überseeschiff, 11
burlarse de s. lustig machen über, 20
buscar suchen, 1

C

C/(calle) *f* Straße, 18
cabeza *f* Kopf, 9
cada *(unveränderlich)* jede, -r, -s, 7
cada vez más grave immer schlimmer, 21
cadena perpetua *f* lebenslange Haftstrafe, 23
cadera *f* Hüfte, 9
café *m* Kaffee, 1
café solo *m* Espresso, 7
caja *f* Kasse, Kiste, 10
caja postal *f* Postbank, 22
calcetines *m/pl* die Socken, 6
calefacción *f* Heizung, 5
calentar (ie) wärmen, 25
caliente warm, 14
calificación *f* Note, Bewertung, 19
calle *f* Straße, 2
caluroso, a heiß, 26
calzada *f* Fahrbahn, 16
calzoncillos *m/pl* Herrenunterhose, 6
cama *f* Bett, 9
cámara *f* Kammer, 26
cámara de vídeo *f* Videokamera, 12
cámara digital *f* Digitalkamera, 12
cámara fotográfica *f* Fotoapparat, 12
camarero *m* Kellner, 7
caminar wandern, 24
caminata *f* Wegstrecke, Wanderung, 25
camino *m* Weg, 23
Camino de Santiago *m* Jakobsweg, 25
camión *m* Lastwagen, 16
camisa *f* Hemd, 6
camiseta *f* Unterhemd, T-Shirt, 6
campesino *m* Bauer, 23
campo *m* Feld, Land, 15
campo de fútbol *m* Fußballplatz, 24
canciller *m* Kanzler, 21
canción *f* Lied, 3
cansado, a müde, 6
cantante *m/f* Sänger/in, 5
cantar singen, 3
capa *f* Schicht, 13
capilla *f* Kapelle, 14
capital *f* Hauptstadt, 26
caracterizar charakterisieren, 26
caramelo *m* Bonbon, 22
cárcel *f* Gefängnis, 23
cargar beladen, 25
Caribe *m* Karibik, 27
carne *f* Fleisch, 8
carne de ternera *f* Kalbfleisch, 8
carne de vaca *f* Rindfleisch, 8
carnicería *f* Fleischwarengeschäft, 16
carnicero *m* Metzger, Fleischer, 20
carpintero *m* Zimmermann, 20
carrera *f* Studiengang, 10
carretera *f* Landstraße, 21
carril *m* Schiene, 11
carro *m* Karren, 16
carrocería *f* Karosserie,10
carta *f* Brief, Speisekarte 7
carta certificada *f* Einschreibebrief, 22
cartel *m* Plakat, 19
cartera *f* Brieftasche, 23
cartuja *f* Kartause, 25
casa *f* Haus, Wohnung, 5
casarse heiraten, 15
caseta *f* Umkleidekabine, 10
casi fast, 7
caso *m* Fall, 13
castellano *m* Spanisch *wörtl:* das Kastilische, 24
castigar bestrafen, 23
castigo *m* Strafe, 23
castillo *m* Burg, 12
Cataluña *f* Katalonien, 21
catedral *f* Dom, Kathedrale, 2
católico, a katholisch, 14
cava *m* span. Sekt, 20
cebolla *f* Zwiebel, 8
Cecilia Cäcilia, 2
celebrar feiern, 15
cenar zu Abend essen, 3
central zentral, 15
centro *m* Stadtmitte, Mittelpunkt, 7
centro de la ciudad *m* Stadtzentrum, 2
cepillo de dientes *m* Zahnbürste, 6
cerámica *f* Keramik, 20
cerca de nahe bei, 2
cercado *m* Zaun, 5
cerrar (ie) schließen, 6
cerveza *f* Bier, 7
césped *m* Rasen, 5
cesta *f* Korb, 8
chaqueta *f* Jacke, Sakko, 6
charlar plaudern, 5
cheque *m* Scheck, 22
chequeo de seguridad *m* Sicherheitskontrolle, 11
chica *f* (Dienst-) Mädchen, 5
chico *m* Junge, 10

chileno, a chilenisch, 3
chiringuito *m* Imbissstube *(am Strand)*, 10
chocar con zusammenstoßen, 21
chocolate *m* Schokolade, 22
chófer *m* Chauffeur, Fahrer, 25
choque *m* Aufprall, 13
chorizo *m* spanische Hartwurst mit Paprika, 8
choza *f* Hütte, 22
chubasco *m* Schauer, 17
chuleta (de cerdo) *f* (Schweine-) Kotelett, 7
chupar lutschen, 19
ciego, a blind, 22
cielo *m* Himmel, 22
Ciencias Empresariales *f/pl* Betriebswirtschaft, 15
ciento cincuenta einhundertundfünfzig, 7
cifra *f* Zahl, Ziffer, 21
cigarrillo *m* Zigarette, 16
cimientos *m/pl* Grundmauern, 20
cinco fünf, 2
cinco de la tarde (las), fünf Uhr nachmittags, 6
cinta mecánica *f* Fließband, 13
cinturón *m* Sicherheitsgurt, 13
ciudad *f* Stadt, 2
claro *m* Aufheiterung, 17
claro natürlich, 24
claro que sí ja natürlich, 14
clase *f* Unterrichtsstunde, Klassenzimmer, 4
clase de turismo *f* Tourismusvorlesung, 1
claustro *m* Kreuzgang, 24
cliente *m* Kunde, Gast, 14
clima *m* Klima, 26
cobrar (ab)kassieren, 1
coche *m* Auto, 4
coche patrulla *m* Streifenwagen, 23
cochinillo *m* Spanferkel, 15
cocido madrileño *m* Madrider Eintopfgericht, 7
cocina *f* Küche, Herd, 5 Kost, 18
cocina de gas *f* Gasherd, 5
cocinero *m* Koch, 20
coger nehmen, 22
cojín *m* Kissen, 18
cola *f* Schwanz, Schlange *(von wartenden Leuten)*, 8
colchón neumático *m* Luftmatraze, 10
colega *m/f* Mitarbeiter/in 18
colegio *m* Schule, 19
colilla *f* Kippe, 16
colocar setzen, stellen, legen 1
Colón Kolumbus, 8
colonia *f* Kolonie, 27
colonia de vacaciones *f* Ferienkolonie, 17
comedor *m* Esszimmer, 5
comentario *m* Kommentar, Bemerkung, 18
comer essen, 5
comer hasta saciarse sich satt essen, 22
comercio *m* Handel, Geschäft, 16
comida casera *f* Hausmannskost, 16
como *(Vergleich)* wie, 5
como *hier:* als, in der Funktion, 6
¿Cómo? wie, 8
como *(Konj)* da, 11
¿Cómo estas? Wie geht es Dir? 8
cómo no selbstverständlich, 8
¿Cómo te va? Wie geht es dir? 16
cómodo, a bequem, 9
compact disc *m* CD, 3
compañero de estudios *m* Studienkollege, 14
comparación *f* Vergleich, 24
competencia *f* Konkurrenz, 18
completamente völlig, 13
completo, a vollständig, 16
comprar kaufen, 2
comprender verstehen, 5
comprimido *m* Tablette, 9
comprobar (ue) überprüfen, 10
computadora *f* Computer, 22
común üblich, 22
comunidad *f* autonome Region, 26
con mit, bei, 1
conceder bewilligen, 21
concentrarse sich konzentrieren, 23
conciencia *f* Gewissen, 25
concierto *m* Konzert, 14
condena *f* Verurteilung, 23
conducir (zc) Auto fahren *(selbst)*, 10
conductor *m* Chauffeur, 21
congreso *m* Kongress, 18 Abgeordnetenhaus, 21
conocer (zc) kennen, 11
conocido, a bekannt, 15
conquista *f* Eroberung, 27
conquistador *m* Eroberer, 27
consentir (ie, i) zustimmen, 20
conseguir (i) etw. zustandebringen, 18
considerable beträchtlich, ziemlich, 4
consistir en bestehen aus, 26
constatar feststellen, 4
constituir darstellen, sein 27
construcción *f* Baugewerbe, 21
construir bauen, 12
contabilidad *f* Rechnungswesen, 7
contar (ue) erzählen, 7
contemplar betrachten, 17
contentarse con s. zufrieden geben mit, 23
contento, a zufrieden, glücklich, 4
contestar antworten, 4
continente *m* Kontinent, 27
continuar fortfahren, 22
contra gegen, 9
contraventana *f* Fensterladen, 18
control *m* Kontrolle, 11
convencer überzeugen, 12
convenido, a vereinbart, 20
conversación *f* Unterhaltung, 5
convertir (ie, i) umwandeln, 20
cooficialidad *f hier:* Gleichberechtigung, 26
cooperar kooperieren, 26
copia *f* Abzug, 12
corbata *f* Krawatte, 6
cordillera *f* Gebirgszug, 26
córner *m* Eckstoß, 24
coro *m* Chor, 14 Chorraum, 25
corona *f* Krone, 27
correo electrónico *m*

e-mail, 22
correos *m/pl* Post, 16
correr rennen, laufen, joggen, 4
correspondencia *f* Umsteigemöglichkeit, 17
correspondiente entsprechend, 18
cortado *m* Espresso mit etwas Milch, 7
cortar schneiden, 20
cortina *f* Vorhang, 18
cosa *f* Sache, 2
costa *f* Küste, 19
costar (ue) kosten, 15
creciente wachsend, 26
crédito *m* Kredit, 22
creer glauben, 9
crimen *m* Verbrechen, 23
cristalero *m* Glaser, 20
crucigrama *m* Kreuzworträtsel, 12
cruzar überqueren, 27
cuaderno *m* Heft, 2
cuando wenn, als, 3
¿cuándo? wann, 8
¿cuánto? wie viel? 8
cuanto antes sobald wie möglich, 21
cuarto *m* Viertel *(Kilo)* (250 gr.), 8
Cuba *f* Kuba, 27
cubierto bedeckt, 17
cuchara *f* Löffel, 4
cuchillo *m* Messer, 4
cuenta *f* Rechnung, 7
cuenta corriente *f* Girokonto, 22
cuenta para los donativos *f* Spendenkonto, 22
cuidado *m* Vorsicht, 16
cuidar aufpassen auf, 19
culpa *f* Schuld, 23
culturas precolombinas *f/pl* Kulturen der Ureinwohner Amerikas, 27
cumpleaños *m* Geburtstag, 3
cuñado/a *m/f* Schwager, Schwägerin, 5
curar heilen, 23
curso de verano *m* Sommerkurs, 24
cuyo, a deren, dessen, 16

D

dar una vuelta einen Rundgang machen, 15
darse cuenta bemerken, 13
darse prisa s. beeilen, 11
de von 1
de acuerdo einverstanden, 2
de costumbre üblicherweise, gewöhnlich, 16
de nada keine Ursache, Bitte *(auf Danke)*, 4
de nuevo wieder, 14
de peaje mautpflichtig, 10
de primer plato als Vorspeise, 7
de repente plötzlich, 10
de sobra im Überfluss, 23
de vez en cuando ab und zu, 19
debajo de unter(halb), 10
deber schulden, sollen, 12
decidido *(Inf:* **decidir***)* beschlossen, 7
decisión *f* Entscheidung, 17
declarar erklären, 21
dedo *m* Finger, 9
dedo del pie *m* Zehe, 9
defecto *m* Mangel, Schaden, 10
defender(se) (ie) (sich) verteidigen, 23
defensa *m* Verteidiger *(Sport)*, 24
dejar (zurück)lassen, aufgeben, 5
delante de vor, 2
delantero *m* Stürmer *(Sport)*, 24
delincuencia *f* Kriminalität, 23
demasiado *(Adj/Adv)* zu..., zu viel, 19
demográfico, a Bevölkerungs -, 27
dentífrico *m* Zahnpasta, 6
dentro de in, innerhalb von, 9
dependienta *f* Verkäuferin, Angestellte, 8
deporte acuático *m* Wassersport, 9
deporte de invierno *m* Wintersport, 14
depósito *m* Tank, 10
derecha (a la...) rechts, 5
derrota *f* Niederlage, 24
derrotar schlagen *(beim Sport)*, 24
desaparecer (zc) verschwinden, 16
desatentido, a vernachlässigt, 27
desayunar frühstücken, 1
desayuno *m* Frühstück, 1
descansar s. entspannen, ausruhen, 8
descenso *m* Abfahrtslauf, 14
descolgar (ue) abheben, 8
descubrimiento *m* Entdeckung, 27
desde von...aus, 5
desde (hace) seit, 12
desde luego selbstverständlich, 15
desde...hasta von...bis, 6
desear wünschen, 1
desembocar münden, 26
deseo *m* Wunsch, 18
desequilibrio *m* Ungleichgewicht, 27
desgraciadamente leider, 3
desigualdad *f* Ungleichheit, 27
desorden *m* Unordnung, 4
despacio *(Adv)* langsam *(Adv)*, 17
despedirse (i), sich verabschieden, 18
despegar starten, 13
despejado wolkenlos, 17
despertador *m* Wecker, 19
despertar (ie) aufwecken, 11
despertarse (ie) aufwachen, 6
despierto, a wach, 25
después (de) nach, 2
después de (+ *Inf)* nachdem (+ *Nebensatz)*, 3
destacado, a erwähnenswert, 27
destinatario *m* Empfänger, 22
destino *m* Ziel(ort), 11
destruir zerstören, 27
detenerse anhalten, inne~ 13
detenido, a gründlich, 9
detrás de hinter, 16
devolver (ue) zurückgeben, 10
día *m* Tag, 3
día del Corpus *m* Fronleichnam, 13
diapositiva *f* Dia, 12
dice er, sie, es sagt, 4
dicen sie sagen, 3
dicha *f* Glück, 22
dicho, a besagte, -r, -s, erwähnte-, -r, -s, 21
dictador *m* Diktator, 26
diente *m* Zahn, 6
diferencia *f* Unterschied, 24

difícil schwierig, 11
dificultad *f* Schwierigkeit, 18
¡dígame! *wörtl.:* Sagen Sie mir! *(feststehende Wendung beim Telefonieren)*, 8
dinero *m* Geld, 7
diplomatura *f* Universitätsabschluss nach 3 Jahren, 15
diputado *m* Abgeordneter, 26
dirección estratégica *f* Unternehmensführung, 19
~ **financiera** *f* Finanzwirtschaft, 19
dirigirse a in Richtung ... gehen, 13
¡diríjanse! (*Imp)* Gehen Sie nach...! 11
disco *m* Platte, 3
disco duro *m* Festplatte, 22
disculpar entschuldigen, 14
discutir diskutieren, 17
disfrutar de etwas genießen, 12
disminuir vermindern, 13
disparar schießen, 23
disquete *m* Diskette, 22
distancia *f* Entfernung, 25
distribuir verteilen, 22
divertido, a lustig, 7
divertirse (ie, i) s. vergnügen, 20
dividir teilen, 26
divorciado, a geschieden, 15
doctor *m* Doktor, 9
doctorado *m* Promotion, 15
documentar festhalten, dokumentieren, 15
dólar *m* Dollar, 15
doler (ue) schmerzen, 9
dolor *m* Schmerz, 9
domingo *m* Sonntag, 6
Domingo de Ramos *m* Palmsonntag, 13
dominical sonntäglich, 19
dominio *m* Beherrschung, 18
donar spenden, 22
¿dónde? wo, 8
dorado, a golden, 26
dormir como un lirón schlafen wie ein Murmeltier, 25
dormir(se) (ue, u) (ein)schlafen, 24
dormitorio *m* Schlafzimmer, 5
dos zwei, 2
drogadicto *m* Drogenabhängiger, 23
ducha *f* Dusche, 18
ducharse sich duschen, 6
dueño *m* Besitzer, Eigentümer, 16
dulce süß, 9
durante *(Präp)* während *(Präp)*, 13

E

echar werfen, *hier:* einfüllen, 10
economía *f* Wirtschaft, 15
economía de mercado *f* Marktwirtschaft, 21
económico, a wirtschaftlich, preisgünstig, 7
Ecuador *m* Ekuador, 27
edad *f* Alter, 25
Edad Media *f* Mittelalter, 25
edificio *m* Gebäude, 12
el otro día neulich, 17
elaborar ausarbeiten, 21
elegir (i) wählen, 26
elemento *m* Element, Teil, 24
elevado, a hoch, 21
embarque *m* das Einsteigen, 11
embrague *m* Kupplung, 10
embutido *m* Wurst *(allgemein)*, 8
empate *m* das Unentschieden *(beim Sport)*, 24
empezar (ie) anfangen, 6
empleado/a *m/f* Angestellte, 11
empleo *m* Arbeit, Stellung, 19
empresa *f* Unternehmen, Betrieb 6
empresa hotelera *f* Hotelbetrieb, 6
~ **turística** *f* Tourismusbetrieb, 18
empujar schieben, 16
en *(Präp)* in, auf *(Frage: wo?)*, 1
en casa zu Hause, 2
en cuanto a was betrifft, 27
en efecto in der Tat, 27
en el campo auf dem Land, 19
en el caso de que *(+ subj)* falls, 18
en el centro in der Mitte, 5
en fila india im Gänsemarsch, 25
en fin schließlich, 19
en flor blühend, 14
en Navidad an Weihnachten, 7
en realidad in Wirklichkeit, 10
en silencio ruhig, 21
en total alles in allem, 17
en vista de in Anbetracht, 25
enamorado *m* der Verliebte, 15
enamorarse s. verlieben, 19
encender (ie) anzünden, 20
encontrar (ue) treffen, finden, 2
encuentro *m* das Treffen, 15
enfermo, a krank, 9
enigmático, a rätselhaft, 27
enorme riesig, 25
ensaimada *f* Hefeschnecke, 1
enseguida sofort, 5
enseñar zeigen, lehren, 13
entender (ie) verstehen, 18
entero, a ganz, 27
entonces dann, 2 damals, 20
entrada *f* Eingang (~sbereich), 5
entrar eintreten, 1
entrega de equipajes *f* Gepäckausgabe, 13
entregar abgeben, 11
entregarse s. stellen, 23
entremeses variados *m/pl* kalte Vorspeise, 7
entretanto inzwischen, indessen, 22
enviar schicken, 18
época *f* Epoche, Zeit, 14
equipaje *m* Gepäck, 11
equipo de esquí *m* Skiausrüstung, 14
es er, sie, es ist, 1
es posible es ist möglich, 12
es probable es ist wahrscheinlich, 12
es que ....nämlich, 18
es una maravilla das ist wunderschön, 14
escalera *f* Treppe, 11

escalera mecánica *f* Rolltreppe, 11
escalope *m* **(a la milanesa)** (paniertes) Schnitzel, 7
escapar entkommen, 23
escaparate *m* Schaufenster, 17
escape *m* Auspuff, 10
Escocia *f* Schottland, 24
escoger auswählen, 15
esconderse s. verstecken, 23
escribir schreiben, 7
escuchar zu/anhören, 3
escuela *f* Schule, 7
~ **de pintura** *f* Malereistil/schule, 27
~ **de turismo** *f* Tourismushochschule, 7
~ **universitaria** *f* dreijähriger Studiengang, 15
ése jener *(alleinstehend)*, 8
esnorquelear schnorcheln, 10
espalda *f* Rücken, 9
España *f* Spanien, 3
español, a spanisch, 2
especial besonders, 18
especialidad *f* Spezialität, 15
espectáculo *m* Vorführung, 24
espejo *m* Spiegel, 18
esperanza *f* Hoffnung, 23
esperar warten, hoffen, 9
esposa *f* Gattin, 5
esposo *m* Gatte, 5
esquí de fondo *m* Skilanglauf, 14
esquiar Ski fahren, 14
esquina *f* Ecke *(von außen)*, 8
está er, sie, es ist (=befindet sich), 2
esta mañana dieser/heute Morgen, 7
esta tarde dieser/heute Nachmittag, 5
estación *f* Bahnhof, 11
estación de esquí *f* Skistation, 14
estacional der Jahreszeit entsprechend, 21
estadio *m* Stadion, 24
estadística *f* Statistik, 19
estanco *m* Tabakladen, 2
estar acostado, a liegen, 20
estar casado, a verheiratet sein, 16
estar divorciado, a geschieden sein, 15
estar encendido, a brennen, 20
estar enterrado, a begraben sein, 14
estar harto, a de genug haben von, 21
estar involucrado, a en befasst sein mit, 22
estar roto, a kaputt sein, 13
estar sentado, a sitzen, 11
estatua *f* Standbild, 27
este dieser, 5
éste dieser *(alleinstehend)*, 8
este *m* der Osten, 10
esto *n* das da, dies, 7
estómago *m* Magen, 9
estornudar niesen, 25
estrategia *f* Strategie, 23
estrella *f* Stern, 18
estreno *m* Einweihung, 20
estructura *f* Struktur, 26
estudiar studieren, 1
estudios *m/pl* Studium, 10
estupendo, a phantastisch, toll, 14
etapa *f* Etappe, 25
eurosuper *m* Superbenzin, 10
Euskadi *m* Baskenland *(auf Baskisch)* 18
euskera *m* das Baskische *(auf Baskisch)*, 18
evento *m* Ereignis, 20
examen *m* Prüfung, 18
examinar untersuchen, 9
excepcional außergewöhnlich, 15
excursión *f* Ausflug, 10
exigente anspruchsvoll, streng, 8
éxito *m* Erfolg, 23
experiencia *f* Erfahrung, 25
expiación *f* Sühne, 23
explicar erklären, 24
explotar ausbeuten, 27
expresar ausdrücken, 22
expresión artística *f* künstlerischer Ausdruck, 27
extranjero/a *m/f* der/die Fremde, Ausländer/in, 18

F

fábrica *f* Fabrik, 21
fácil leicht, 24
facturar einchecken, aufgeben, 11
facultad *f* Fakultät *(5-jähriger Studiengang)*, 15
falda *f* Rock, 6
fallecer sterben, 23
faltar fehlen, 13
fama *f* Ruf, 20
familia *f* Familie, 5
familiares *m/pl* die Verwandten, 20
famoso, a berühmt, 13
farmacia *f* Apotheke, 9
faro *m* Scheinwerfer, 10
fatal schicksalhaft, 23
favelas *f/pl* Slums, 22
favorecer (zc) begünstigen, 18
favorito, a Lieblings -, 9
fax *m* Fax, 22
federal föderal, 26
¡Felices Pascuas y un próspero Año Nuevo! Frohe Weihnachten und ein gutes neues Jahr! 13
felicidad *f* Glück, 17
feliz (*pl*: **felices**) glücklich, 3
ferrocarril *m* Eisenbahn, 11
fértil fruchtbar, 27
festejar feiern, 20
festival *m* Festspiele, 24
fiebre *f* Fieber, 9
fiesta *f* Fest, Party, Feiertag, 3
fila *f* Reihe, 8
filete (de ternera) *m* (Kalbs-, Rinds-)Filet, 7
Filología *f* Philologie, 10
fin de semana *m* Wochenende, 6
final endgültig, 13
finalizar zu Ende gehen, 23
finalmente endlich, schließlich, 7
fingir vorgeben, 23
fino, a fein, dünn, 8
Física *f* Physik, 10
flamenco *m* andalusische Musik, 24
flan *m* Pudding *(meist mit Karamelsoße)*, 7
flor *f* Blume, 5
florero *m* Vase, 20
folleto *m* Faltblatt, Broschüre, 22
fontanero *m* Klempner, 20
formación *f* Ausbildung, 21
fotógrafo *m* Fotograf, 15
formar parte de Teil sein von, 26
francés *m* das Französi-

sche, 18
frase *f* Satz, 24
freno *m* Bremse, 10
frente *f* Stirn, 9
frente a gegenüber, 16
frente cálido *m* Warmfront, 17
frente frío *m* Kaltfront, 17
fresco, a frisch, 16
frontera *f* Grenze, 23
frustrado, a frustriert, 17
fruta *f* Obst, Frucht, 7
fuego *m* Feuer, 24
fuente *f* Quelle, 27
fuera auswärts, 17
fuera de außerhalb, 7
fuera de juego abseits, 24
fuerte stark, fest, 7
fumar rauchen, 11
fútbol *m* Fußball, 24
futuro *m* Zukunft, 19

G

gabardina *f* (leichter) Mantel, 5
gabinete *m* Kabinett, 21
gafas (de sol) *f/pl* (Sonnen-) Brille, 10
ganadería *f* Viehzucht, 26
ganar verdienen, gewinnen, 6
ganarse la vida den Lebensunterhalt verdienen, 16
gandula *f* Liegestuhl, 10
garganta *f* Hals, 9
gasoil *m* (**gasóleo** *m*) Dieselöl, 10
gasolina *f* Benzin, 10
gasolinera *f* Tankstelle, 10
gastar ausgeben, 7
gato *m* Katze, 19
gazpacho andaluz *m* andalusische kalte Gemüsesuppe, 7
genovés *m* Mann aus Genua, 27
gente *f/Sing* die Leute, 11
geografía *f* Geographie, 15
glaciar *m* Gletscher, 27
gobierno *m* Regierung, 21
gobierno colonial *m* Kolonialherrschaft, 27
gol *m* Tor *(beim Sport)*, 24
golosina *f* Süßigkeit, 22
gordo *m* Hauptgewinn, 22
gordo, a dick, 22
gorro *m* Mütze, 6
gótico, a gotisch, 2
grabar drucken *(Computer)*, 22
gracias danke, 1
graduación *f* Studienabschluss, 15
graduarse einen akademischen Abschluss machen, 14
grande, gran groß, 3
granizo *m* Hagel, 17
grave schwer, schlimm, ernst, 9
grifo *m* Wasserhahn, 18
gripe *f* Grippe, 9
gris grau, 6
gritar rufen, 16
grito *m* Schrei, Ruf, 22
grupo *m* Gruppe, 25
guantes *m/pl* Handschuhe, 14
guapo, a hübsch, schön, 17
guardar speichern *(Computer)*, 22
guerra civil *f* Bürgerkrieg, 22
guitarra *f* Gitarre, 24
gustar gefallen, schmecken 5

H

ha hecho (*Inf:* **hacer**) er, sie, es hat gemacht, 7
ha preparado er, sie, es hat vorbereitet, 5
habitación *f* Zimmer, 4 Hotel ~, 18
habitación doble *f* Doppelzimmer, 18
~ **individual** *f* Einzelzimmer, 18
~ **triple** *f* Dreibettzimmer, 18
habitante *m* Einwohner, 26
hablar sprechen, 7
hace (+ *Zeitangabe)* vor, 12
hace buen tiempo es ist schönes Wetter, 7
hace calor es ist warm, 17
hace frío es ist kalt, 17
hace sol es ist sonnig, 17
hace viento es ist windig, 17
hacer machen, 10
hacer caso a hören auf, 23
hacer la carrera de derecho Jura studieren, 14
hacer la compra einkaufen, 12
hacer puente freimachen, 11
hacer transbordo umsteigen, 11
hacia in Richtung (auf), 10
hacía sol die Sonne schien, 16
hallarse s. befinden, 26
hambre (el) *f* Hunger, 10
haremos wir werden machen, 18
harina *f* Mehl, 8
hasta bis, 10
hasta luego bis dann, 2
hasta que *(Konj)* bis *(Konj)*, 13
hay es gibt, 2
hay de todo es gibt von allem, 2
haya (el) *f* Buche, 12
hecho delictivo *m* Straftat, 23
helada *f* Frost, 17
helado *m* Speiseeis, 7
helar (ie) (ge)frieren, 14
heredar erben, 20
herencia *f* Erbe, 27
herida *f* Verletzung, Wunde, 21
herida de gravedad *f* schwere Verletzung, 21
herir (ie, i) verletzen, 20
hermana *f* Schwester, 5
hermano *m* Bruder, 5
hermoso, a hübsch, schön, 16
herrero *m* Schmied, 20
hielo *m* Eis, 14
hija *f* Tochter, 7
hijo *m* Sohn, 7
hiperactivo lebhaft, 20
historia *f* Geschichte, 15
histórico, a geschichtlich, alt, 14
Hnos (hermanos) *m/pl* Brüder, 18
hogar *m* Heim, 22
hoja *f* Blatt, 7
hola hallo, guten Tag, 1
hombro *m* Schulter, 9
homicidio *m* Totschlag, 23
honradez *f* Ehrlichkeit, 23
hora *f* Stunde, Uhrzeit, 6
hora punta *f* Stoßzeit, 23
horario *m* Fahr/Stunden-

plan, 12
horchata *f* Mandelmilch, 10
hornillo de gas *m* Gaskocher, 24
hospital *m* Krankenhaus, 21
hoy heute, 2
hueco *m* Loch, Lücke, 10
huella *f* Spur, 25
huérfano, a Waisen -, 22
huevo *m* Ei, 8
huir fliehen, 23
humilde bescheiden, 22

I

idea *f* Idee, 8
idumentaria *f* Kleidung, Tracht, 13
iglesia *f* Kirche, 25
igual no vielleicht nicht, 14
imitar nachahmen, 27
imperio *m* Reich, 27
importancia *f* Bedeutung, 13
importante wichtig, 14
importar ausmachen, 23
imposible unmöglich, 16
impresionante beeindruckend, 14
incas *m/pl* Inkas 27
incluir einschließen, 27
incluso sogar 3
independencia *f* Unabhängigkeit, 27
independizarse s. selbständig machen, 27
indígena *m/f* eingeboren, 27
indio *m* Indianer, Indio, 22
industria *f* Gewerbe, Industrie, 21
industrial industriell, 27
inestabilidad *f* Unbeständigkeit, 27
inferior zweitrangig, 25
informar informieren, 21
Ingeniería *f* Ingenieurstudiengang, 15
inglés *m* das Englische, 18
ingresos *m/pl* Einnahmen, 27
inmediatamente sofort, 18
inocente unschuldig, 22
institución *f* Einrichtung, 22
instituto de enseñanza media *m* Gymnasium, 17
intento *m* Versuch, 16
interés *m* Interesse, Zins, 20
interesante interessant, 7
intermitente *m* Blinker, 10
internacional international, 18
interpretar aufführen, 14
interrogatorio *m* Verhör, 23
interrumpir unterbrechen, 5
inventar erfinden, 19
invertir (ie, i) investieren, 20
invierno *m* Winter, 9
invitado/a *m/f* Gast, 20
invitar einladen, 3
ir gehen, fahren, fliegen, 2
ir a ver besuchen, besichtigen, 7
ir de bares verschiedene Bars besuchen, 14
ir de compras einkaufen gehen, 8
ir en trineo rodeln, 14
irse wegfahren,~gehen, 12
isla *f* Insel, 27
Isla de Pascua *f* Osterinsel, 27
Islas Canarias *f/pl* Kanarische Inseln, 21
izquierda (a la...) links, 5

J

jabón *m* Seife, 6
jacobeo, a Jakobs -, 25
jamón *m* Schinken , 7
~ serrano Schinken (geräuchert, luftgetrocknet), 8
(el/la) japonés, a japanisch, (Japaner/in), 15
jarabe *m* Hustensaft, Sirup, 9
jardín *m* Garten, 5
jefatura de policía *f* Polizeipräsidium, 23
jefe *m* Chef 8
jefe de personal *m* Personalchef, 18
jersey *m* Pullover, 6
¡Jesús! *m* Jesus *hier*: Helf Gott! Gesundheit! 25
Jorge *m* Georg, 2
joven jung, 16
judía verde *f* grüne Bohne, 7
jueves *m* Donnerstag, 6
Jueves Santo *m* Gründonnerstag, 13
juez de instrucción *m* Untersuchungsrichter, 23
jugar (ue) spielen, 5
juguete *m* Spielzeug, 5
junto *(Adv)* zusammen, 14
junto, a *(Adj)* zusammen, 14

K

kilo *m* Kilo, 8
kilómetro *m* Kilometer, 25

L

lado *m* Seite, 16
ladrar bellen, 16
ladrón *m* Dieb, 16
lancha *f* Boot, 11
lápiz labial *m* Lippenstift, 17
largo, a lang 11
lata *f* Dose, 24
latente latent, 27
latinoamericano, a lateinamerikanisch, 27
lavabo *m* Waschbecken, 18
lavar waschen, 4
lavarse sich waschen, 6
lavarse los dientes Zähne putzen, 6
le gusta es gefällt ihm/ihr, 5
leche *f* Milch, 1
lechuga *f* Kopfsalat, 8
lectura *f* Lektüre, 22
leer lesen, 12
lejos weit (weg), 12
lengua *f* Sprache, 7
lengua castellana *f* Spanisch, 18
~ materna *f* Muttersprache, 18
lentamente langsam, 18
lento, a langsam, 5
levantarse aufstehen, 4
ley *f* Gesetz, 27
leyenda *f* Legende, 25
libertador *m* Befreier, 27
Libia *f* Libyen, 23
libre frei, 6
librería *f* Buchhandlung, 16
libreta de ahorro *f* Sparbuch, 22
libro *m* Buch, 7

licenciado en ciencias empresariales *m* Dipl. Betriebswirt, 6
licenciatura *f* Universitätsabschluss nach 5 Jahren, 15
ligar con anmachen, *(Mädchen)*, 23
ligeramente leicht, wenig, 21
limón *m* Zitrone, 1
limonada *f* Limonade, 7
limpiar reinigen, 4
limpio, a sauber, 4
lindo, a hübsch, 22
línea *f* Linie, 17
lista de precios *f* Preisliste, 18
listo, a (estar..) fertig sein, 11
literatura narrativa *f* erzählende Literatur, 27
litro *m* Liter, 10
lo antes posible so bald wie möglich, 25
lo mejor das beste, 9
lo que (*Rel Pron*) was (*Rel Pron*), 16
lo siento es tut mir leid, 20
localidad *f* Ort, 21
locomotora *f* Lokomotive, 11
lotería *f* Lotterie, 10
lucha *f* Kampf, 27
luchar kämpfen, 27
luego dann, 6
lugar *m* Ort, 12
lugar arqueológico *m* archäologische Fundstelle, 27
lunes *m* Montag, 6
lunes de Pascua *m* Ostermontag, 13
luz *f* Licht, 10
luz trasera *f* Rücklicht, 10

Ll

llamado, a sogenannt, 22
llamar (an)rufen, 23
llamarse heißen, 16
llanura baja *f* Tiefebene, 26
llave *f* Schlüssel, 12
llegada *f* Ankunft, 7
llegar a (an)kommen, 3
llegar el turno a an die Reihe kommen, dran kommen, 8
llenar füllen, 7
llevar tragen (*Kleidung*), (hin)bringen, 6
llover (ue) regnen, 17
llovizna *f* Sprühregen, 17
lluvia *f* Regen, 17

M

madre *f* Mutter, 5
madrugar früh aufstehen, 11
maestra *f* Voksschullehrerin, 17
maestría *f* Master (*akad. Grad)*, 15
maleta *f* Koffer, 11
maletero *m* Kofferraum, 10
malo, a, mal schlecht, krank, 3
mamá *f* Mama, 5
mañana morgen, 7
mañana *f* der Morgen, 7
manchego *m* Hartkäse aus der Mancha, 8
mandante *m* Auftraggeber, 27
mandar schicken, 7
mandarín *m* Mandarin (*in China gesprochen*), 27
manera *f* Art, Weise, 22
manifestación antiterrorista *f* Demonstration gegen Terrorismus, 21
manifestante *m* Demonstrant, 21
manifestar (ie) zum Ausdruck bringen, 22
mano *f* Hand, 9
manta *f* Decke, 18
mantenerse sentado, a sitzen bleiben, 13
mantequilla *f* Butter, 8
manzana *f* Apfel, 7
maquinilla eléctrica *f* elektrischer Rasierapparat, 6
mar *m/f* Meer, 17
mar gruesa *f* Seegang mit Wellen bis zu 6 m, 17
(Mar) Mediterráneo *m* Mittelmeer, 19
marcar Tor schießen, 24
marcha *f* Marsch, 25
marcharse weggehen, abmarschieren, 25
marejada *f* hoher Seegang, 17
marejadilla *f* wenig hoher Seegang, 17
marginal marginal, ärmlich, 22
marido *m* Ehemann, 5
marisco *m* Meeresfrucht, 8
marketing *m* Marketing, 19
marrón braun, 6
Marruecos *m* Marokko, 23
Marsella Marseille, 19
martes *m* Dienstag, 6
máster *m* Master, 15
matar töten, 23
matinal morgendlich, 19
matrícula *f* Autonummer, 23
matrimonio *m* Ehe, 17
mayas *m/pl* die Mayas, 27
mayor parte *f* der größte Teil, 21
mayoría *f* Mehrheit, 21
¿Me cobra, por favor? Bitte zahlen!, 1
mecánico *m* Mechaniker, 10
medianoche *f* Mitternacht, 3
medias *f/pl* Strümpfe, 6
medicina *f* Medizin, 9
médico *m* Arzt, 9
medida *f* Maßnahme, 21
medio de transporte *m* Verkehrsmittel, 25
mediodía (a...) mittags, 9
Méjico *m* Mexiko, 27
mejorar verbessern, 21
melancólico, a melancholisch, 17
membrete *m* gedruckter Briefkopf, 18
mentir (ie, i) lügen, 20
menú *m* Menü, Speisekarte, 7
mercado *m* Markt, 25
mercería *f* Kurzwarenladen, 16
merienda *f* Brotzeit, Vesperbrot, 8
merluza *f* Seehecht, 7
mes *m* Monat, 7
mesa *f* Tisch, 3
meseta *f* Hochebene, 26
mestizo, a *m/f* Mestize, Mischling, 22
metro *m* U-Bahn, 11 Meter, 13
metro cuadrado *m* Quadratmeter, 20
México *m* Mexiko, 27
miedo *m* Angst, 22
mientras während, solan-

ge, 12
mientras tanto indessen, 12
miércoles, *m* Mittwoch, 6
minibar *m* Kühlschrank mit Inhalt im Hotelzimmer, 18
minibús *m* Kleinbus, 15
ministro *m* Minister, 21
~ de Asuntos Exteriores *m* Außenminister, 21
~ de Defensa *m* Verteidigungs ~, 21
~ de Economía *m* Wirtschafts ~, 21
~ de Justicia *m* Justiz ~, 21
~ del Interior *m* Innen ~, 21
~ de Hacienda *m* Finanz~, 21
minuto *m* Minute, 6
mirar (an)schauen, blicken, 1
Misa de Gallo *f* Christmette, 13
mismo, a der/die gleiche, ~selbe, 13
mochila *f* Rucksack, 10
modelo *m* Vorbild, 27
moderado, a mäßig, gemäßigt, 21
moderno, a modern, 11
momento *m* Augenblick, 13
monarquía constitucional *f* konstitutionelle Monarchie, 26
monasterio *m* Kloster, 25
monedero *m* Geldbörse, 16
mono *m* einteiliger Arbeitsanzug, Overall, 16
montañismo *m* das Bergsteigen, 25
montañoso, a bergig, 26
monte *m* Berg, 24
monumento *m* Denkmal, 7
mora *f* Brombeere, 12
morir (ue, u) sterben, 15
motivo *m* Grund, 11
moto(-cicleta) *f* Motorrad, 7
motor *m* Motor, 10
móvil *m* Handy, 20
movimiento *m* Bewegung, 22
muchas gracias vielen Dank, 3
muchas veces oft, 7
muchedumbre *f* Menschenmenge, 16
mucho, a viel, sehr, 3
mujer *f* Frau, Ehefrau, 5
multitud *f* Vielzahl, 27
mundo *m* Welt, 17
muñeca *f* Puppe, 22
muñeco de nieve *m* Schneemann, 14
Múnich München, 25
muralismo mexicano *m* Wandmalerei in Mexiko, 27
murciano/a *m/f* Bewohner/in von Murcia 13
muro *m* Mauer, 20
música *f* Musik, 3
música ambiental *f* Stimmungs-, Hintergrundmusik, 11
música clásica *f* klassische Musik, 14
muy sehr, 1
Muy señores nuestros... Sehr geehrte Damen und Herren, 18

N

nacer (zc) geboren werden, 25
nacional national, 21
nada nichts, 9
nadar schwimmen, 10
naranja *f* Orange, 8
naranjada *f* Orangenlimonade, 7
nariz (*pl:* **narices**) *f* Nase, 9
natación *f* das Schwimmen, 10
natural natürlich, 17
naturaleza *f* Natur, 24
naturalmente natürlich, 18
nave *f* Kirchenschiff, 25
navegar a vela segeln, 10
Navidad(es) (*f/pl*) Weihnachten, 13
navideño, a weihnachtlich, 22
necesario, a notwendig, 21
negro, a schwarz, 6
nervios *m/pl* Nerven, 23
nervioso, a nervös, 15
neumático *m* Reifen, 10
nevar (ie) schneien, 14
nevera *f* Kühlschrank, 5
ni...ni weder...noch, 13
ni siquiera nicht einmal, 9
niebla *f* Nebel, 17
nieto/nieta *m/f* Enkel/in, 5
nieve *f* Schnee, 14
ninguno, a, ningún keine, -r, -s, 3
niño, a *m/f* Kind, 5
Niño Jesús *m* Jesuskind, 22
nivel *m* Stand, Höhe, 10
nivel del mar *m* Meeresspiegel, 26
no nein, nicht, keine, -r, -s, 2
no ... en absoluto überhaupt nicht, 9
no hay de que keine Ursache, 16
no hay remedio da hilft nichts, 11
no ... sino nicht...sondern, 11
no sólo ... sino también nicht nur ... sondern auch, 24
noche *f* Nacht, 11
Noche Vieja *f* Silvester, 13
Nochebuena *f* der Heilige Abend, 13
normalmente normalerweise, 18
norte *m* Norden, 10
notable gut *(span. Benotung)*, 19
notar bemerken, 9
noticias *f/pl* Nachrichten, 21
novela *f* Roman, 12
noviembre *m* November, 7
novio/novia *m/f* fester/feste Freund/in, 13
nube *f* Wolke, 13
nubes y claros heiter bis wolkig, 17
nublado wolkig, bewölkt, 17
nuera *f* Schwiegertochter, 5
nuevo, a neu, 5
Nuevos Ministerios *m/pl* Neue Ministerien, 11
número *m* (An)zahl, 18

O

o oder, 2
o sea das heißt, 12
obligación *f* Verpflichtung, 19
observar beobachten, 21

obtener erhalten, 19
obviamente offensichtlich, 16
ocasión *f* Gelegenheit, 14
ochenta achtzig, 7
ocho de la mañana (las...) acht Uhr früh, 6
ocupar besetzen, einnehmen, 26
oeste *m* Westen, 10
oferta turística *f* Tourismusangebot, 27
oficina *f* Büro, Amt, 14
oficina de correos *f* Postamt, 2
ofrecer (zc) anbieten, 13
ofrecimiento *m* Angebot, 25
oído *m (inneres)* Ohr, Gehör, 9
oír hören, 12
¡ojalá! (+ *subj*) wenn doch! 22
ojo *m* Auge, 6
ola *f* Welle, 10
olla *f* Kochtopf, 24
olvidar vergessen, 8
once y media (las...) halb zwölf, 4
opción *f* Option, 25
oral mündlich, 19
ordenador *m* Computer, 22
oreja *f (äußeres)* Ohr, 9
organizar organisieren, 18
orgulloso, a stolz, 13
orilla *f* Ufer, 19
orquesta *f* Orchester, 14
otoño *m* Herbst, 9
otra vez noch einmal, wieder, 6
otro, a andere, -r, -s, 4
oyente *m/f* Hörer/in, 21

P

p.o. (por orden) i.A. (im Auftrag), 18
padre *m* Vater, 5
padres *m/pl* Eltern, 5
paella *f* Reispfanne, 7
pagar (bei)zahlen, 1
país *m* Land, 22
países en vía de desarrollo *m/Pl* Schwellenländer, 27
pájaro *m* Vogel, 17
palabra *f* Wort, 18
palacio *m* Palast, 7
panadería *f* Bäckerei, 16
panadero *m* Bäcker, 20
pantalón *m* Hose, 6
panty *m* Strumpfhose, 6
papá *m* Papa, 12
Papá Noel *m* Weihnachtsmann, 22
papel *m* Papier, 16
papelería *f* Schreibwarengeschäft, 16
paquete *m* Paket, Päckchen, 5
para für *(bestimmt für)*, 1
para (+ *Inf*) um zu, 2
parado *m* Arbeitsloser, 21
parar anhalten, 10
parasol *m* Sonnenschirm, 17
parcela *f* Grundstück, 20
parecer (zc) scheinen, 12
pareja *f* Paar, 13
parejita *f* Pärchen, 19
parlamento *m* Parlament, 26
paro *m* Arbeitslosigkeit, 21
parque *m* Park, 7
parquímetro *m* Parkuhr, 16
parroquia *f* Pfarrei, 17
parte *f* Teil, 21
parte trasera *f* Hinterteil, 23
participante *m/f* Teilnehmer/in, 18
participar en teilnehmen an, 24
partido *m* Partei, 21
pasado mañana übermorgen, 15
pasajero *m* Passagier, 11
pasaporte *m* Pass, 11
pasar vergehen, verbringen, geschehen, reichen, 7
pasar el aspirador sobre la alfombra den Teppich absaugen, 4
pasar el tiempo Zeit verbringen, 23
pasar por durch/vorbeigehen, 11
Pascua (de Resurrección) *f* Ostern, 13
pasear spazieren gehen, 7
paseo *m* Spaziergang, 12
pasillo *m* Korridor, Flur, 5
Pasión según Mateo, *f* Matthäuspassion, 14
paso *m* Figur der Leidensgeschichte Christi, 13
pastas *f/pl* Nudeln, 8
pastel *m* Kuchen, Plätzchen, 5
pastelería *f* Konditorei, 16
pastilla *f* Lutschtablette, 9
Patagonia *f* Patagonien, 27
patata *f* Kartoffel, 8
patín *m* Schlittschuh, 14
patinaje sobre hielo *m* das Eislaufen, 14
patinar sobre hielo Schlittschuh laufen, 14
patrono *m* Arbeitgeber,21
paz *f* Friede, 22
peaje *m* Maut 10
peatón *m* Fußgänger, 16
Pedagogía *f* Pädagogik,15
pedir (i) verlangen, bestellen, 18
pelar schälen, 24
película *f* Film, 12
película policíaca *f* Krimi, 23
pelo *m* das Haar, 9
pelota *f* Ball, 24
pena capital *f* Todesstrafe, 23
Península Ibérica *f* Iberische Halbinsel, 26
peninsular *(Adj)* Halbinsel -, 26
penitente *m* Büßer, 13
penoso, a mühevoll, 27
pensamiento *m* Gedanke, 24
pensar (ie) en denken an, 6
Pentecostés *m* Pfingsten, 13
pequeño, a klein, 4
pequeño paquete *m* Päckchen, 22
pera *f* Birne, 7
perchero *m* Garderobe, Kleiderständer, 5
perdedor *m* Verlierer, 24
perder (ie) verlieren, verpassen, 13
perderse sich verlieren, 27
perdonar entschuldigen, 16
peregrinaje *m* Pilgerfahrt, 25
peregrino *m* Pilger. 25
perfeccionamiento *m* Fortbildung, 21
perfecto, a sehr gut, 8
perfume *m* Parfüm, 17
periódico *m* Zeitung, 2
permanente andauernd, 26
¡permiso! Entschuldigung! 24
pero aber, 1

perro *m* Hund, 16
persiana *f* Jalousie, 18
Perú *m* Peru, 27
peruana *f* Peruanerin, 3
peruano, a peruanisch, 27
pesca *f* Fischfang, 26
pescado *m* Fisch, 8
pie *m* Fuß, 9
pierna *f* Bein, 9
piloto *m* Pilot, 13
pimentón *m* Paprika, 8
pimienta *f* Pfeffer, 8
pimiento *m* Paprikaschote, 8
pino *m* Pinie, Föhre, 12
pintor *m* Maler, 20
Pirineos *m/pl* Pyrenäen, 25
piropo *m* Kompliment, 17
piso *m* Wohnung, Stockwerk, 12
pista de aterrizaje *f* Landebahn, 13
pista de trineos *f* Rodelbahn, 14
pistola *f* Pistole, 23
pizarra *f* Tafel, 25
plan *m* Plan, Vorhaben, 13
plano *m* Bauplan, Stadtplan, 20
plancha (a la ...) *f* Metallplatte (auf einer heißen Metallplatte gebraten), 7
plátano *m* Banane, 7
plato *m* Teller, Gericht, 4
plato preparado *m* Fertiggericht, 24
playa *f* Strand, 6
plaza *f* Platz, 7
pleno, a voll, völlig, 18
pliego *m* Briefbogen, 18
plomo *m* Blei, 10
pobre arm, 22
poco wenig, 1
poder (ue) können (*körperlich, Möglichkeit*), 7
policía *f* Polizei, 23
policía criminal *f* Kriminalpolizei, 23
político *m* Politiker, 21
político, a politisch, 21
pollo *m* Hähnchen, 8
poncho *m* Poncho, Umhang, 3
poner legen, 4
poner en práctica umsetzen, 21
poner la mesa den Tisch decken, 13
ponerse sich anziehen (*Kleidung*), 6
ponerse en marcha aufbrechen, losgehen, 15
por für, 4
por ahora momentan, im Augenblick, 13
por avión mit Luftpost, 22
por ejemplo zum Beispiel, 7
por ello deswegen, 25
por favor bitte, 1
por fin schließlich, 12
por la tarde nachmittags, 6
por orden (p.o.) im Auftrag, 18
por parte de seitens, 27
¿por qué? warum? 8
por si acaso falls, für alle Fälle, 13
por todas partes überall, 4
porcentaje *m* Prozentsatz, 21
porque weil, 3
portavoz *m* Sprecher, 21
portero *m* Tormann, 24
portugués *m* das Portugiesische, 27
posdata (P.D.) *f* Postskriptum (P.S.), 7
posesión *f* Besitzung, 27
posgrado *m* postgraduiertes Studium, 15
posiblemente möglicherweise, 23
posición *f* Stellung, 13
postal *f* Postkarte, 2
postre *m* Nachspeise, 7
practicar üben, 7
practicar el surf surfen, 10
prácticas *f/pl* Praktikum, 18
precio *m* Preis, 8
preferencia *f* Vorzug, 20
preferir (ie, i) vorziehen, 19
pregunta *f* Frage, 19
preguntar fragen, 8
preparar vorbereiten, 5
presencia *f* Anwesenheit, 27
presentar vorstellen, 18
presentarse antreten, 19
presidente *m* Präsident, Chef, 21
presidio *m* Zuchthaus, 23
presión de aire *f* Luftdruck, 10
prestar leihen, 10
prestar atención aufpassen, 24
prestigioso, a berühmt, angesehen, 19
primavera *f* Frühling, 9
primer plato *m* Vorspeise, 7
primero (*Adv*) zuerst, 6
primero, a erste, -r, -s, 10
primo/a *m/f* Cousin/e, 5
principio *m* Anfang, 17
prisa *f* Eile, 17
probar (ue) (aus)probieren, 17
problema *m* Problem, 5
procesión *f* Prozession, 13
proceso *m* Prozess, 23
procurar beschaffen, 23
producto químico *m* chemisches Produkt, 8
profesor *m* Professor, Lehrer, 7
profundo, a tief, 25
programa *m* Programm, 21
progreso *m* Fortschritt, 18
prohibición *f* Verbot, 21
prometer versprechen, 18
promoción *f* *hier:* Abschlussjahrgang, 15
pronto bald, früh, 9
propina *f* Trinkgeld, 12
propio, a eigene, -r, -s, 19
provincia *f* Provinz, 13
próximo, a nächste, -r, -s, 6
proyecto *m* Plan, Projekt, 12
prueba *f* Prüfung, 19
publicar veröffentlichen, 19
pueblo *m* Volk, Dorf, 27
puente *m* Brücke, 25
puerta *f* Türe, 5
pues denn, nun, 8
puesto (de trabajo) *m* Stellung, Arbeitsplatz, 17
puesto *hier:* gedeckt, 13
pulmón *m* Lunge, 9
puntual(mente) pünktlich, 13

Qu

¿qué? was, 1
que dass, 4
¡qué! wie *(bei Ausruf)*, 5
que (*Rel Pron)* der, die, das *(Rel Pron)*, 7
¡que aproveche! Guten Appetit! 8
¡qué lástima! wie schade!

13
¡qué maravilla! wie schön! 24
¿qué tal ? wie geht es? 1
¡qué vista más bella! was für eine schöne Aussicht! 12
quedar übrig sein, bleiben, 7
quedar a *(+ Uhrzeit)* sich um...treffen, 2
quedarse bleiben, 9
quédese con la vuelta stimmt schon! 12
querer wollen, 7
querido, a liebe, -r, -s, 7
queso *m* Käse, 8
quien *(Rel Pron)* der, die, das *(Rel Pron)*, 16
¿quién? wer? 8
quinientos fünfhundert, 7
quiosco *m* Kiosk, 14
quitar wegnehmen, 16
quitarse ausziehen *(Kleidung)*, 6
quizá(s) (+ *subj)* vielleicht, 19

R

radio *f* Radio, 19
raíz (*pl* raíces) *f* Wurzel, 27
ramo de flores *m* Blumenstrauß, 20
rápido, a schnell, 6
raro, a seltsam, 10
rato *m* Weile, Zeit, Augenblick, 8
ratón *m* Maus, 22
readapción profesional *f* Umschulung, 21
real königlich, wirklich, 14
realidad *f* Wirklichkeit, 22
realista realistisch, 22
realización *f* Durchführung, 21
realizar verwirklichen, 20
rebelión *f* Aufstand, 27
recepción *f* Rezeption, Empfang, 18
receptivo, a aufnehmend, rezeptiv, 27
recetar verschreiben, 9
recibo *m* Quittung, 12
recientemente vor kurzem, 17
recipiente *m* Behälter, 16
recital *m* Konzert, 24
reclusión *f* Haft, 23
recoger abholen, einsammeln, 13
recto, a gerade, 23
recuperar wieder erlangen, 23
recursos humanos *m/pl* Personalführung, 19
Ref. (referencia) *f* Bezug, 18
referirse a (ie, i) sich beziehen auf, 20
reflexionar nachdenken, 23
refugio *m* Hütte, Herberge, 25
regalo *m* Geschenk, 3
región *f* Gegend, 19
región autónoma *f* autonome Region, 26
regional regional, 21
regresar zurück/heimgehen, zurückkehren, 2
regular es geht so, 8
reinar herrschen, 4
relativo, a relativ, 17
reloj de pulsera *m* Armbanduhr, 6
remedio *m* (Heil)mittel, 11
remitente *m* Absender, 22
Renacimiento *m* Renaissance, 24
RENFE span. Eisenbahn, 11
repetir (i) wiederholen, 18
repleto, a überfüllt, 23
República Dominicana *f* Dominikanische Republik, 27
requerir (ie, i) erfordern, 20
resfriado *m* Erkältung, 9
residir en liegen in 27
resignado, a resigniert, 10
respaldo *m* Rückenlehne, 13
respectivamente beziehungsweise, 17
responsable *m* der Verantwortliche, 6
respuesta *f* Antwort, 18
restaurante *m* Restaurant, 7
resuelto, a gelöst, 19
resultar de zurückgehen auf, 27
retablo *m* Altar(bild), 25
retablo mayor *m* Hochaltar, 25
retirado, a zurückgezogen, 15
reto *m* Herausforderung, 18
retraso *m* Verspätung, 11
reunirse sich treffen, versammeln, 15
revelar entwickeln *(Film)*, 12
revista *f* Zeitschrift, 19
rey *m* König, 14
Reyes Católicos *m/pl* die Katholischen Könige, 27
Reyes Magos *m/pl* Hl. Drei Könige, 13
riachuelo *m* Bach, 24
río *m* Fluss, 24
riojano, a zur Rioja gehörend, 21
riquísmo, a steinreich, 14
robar rauben, stehlen, 23
roble *m* Eiche, 12
robo *m* Raub, Diebstahl, 16
rodaja *f* Scheibe, 8
rodilla *f* Knie, 9
rogar (ue) bitten, 13
rojo, a rot, 6
romper brechen, 13
ropa *f* Kleidung, 6
ropa interior *f* Unterwäsche, 6
rosa *f* Rose, 4
rubio, a blond, 16
rueda *f* Rad, 10
rueda de prensa *f* Pressekonferenz, 21
rueda de recambio *f* Ersatzreifen, 10
ruido *m* Lärm, Geräusch, 10
ruso, a russisch, 23

S

S.A. (sociedad anónima) *f* AG (Aktiengesellschaft), 18
sábado *m* Samstag, 6
sábana *f* Betttuch, 18
saber wissen, 10
sacar herausnehmen, 10
sacar una foto (fotos) ein Foto (Fotos) machen, 12
sal *f* Salz, 8
sala *f* Saal, Raum, 1
sala de estar *f* Wohnzimmer, 5
sala de fiestas *f* Festsaal, 20
sala de reuniones *f* Sitzungssaal, 18
salchichería *f* Wurstgeschäft, 16

salida *f* Ab/Ausfahrt, Ausgang, Abflug, 10
salimos wir gehen hinaus, 5
salir (hin)ausgehen, 10 aufgehen *(Sonne)* 25
¡salud! Prost! 24
saludar (be)grüßen, 18
sangriento, a blutig, 27
santuario *m* Heiligtum, 25
saquear plündern, 23
sastre *m* Schneider, 20
se despidieron sie verabschiedeten sich, 15
secador de pelo *m* Fön, Haartrockner, 18
secarse sich abtrocknen, 6
sección *f* Abteilung, 8
secretaria *f* Sekretärin, 8
sector terciario *m* Dienstleistungsgewerbe, 21
sed *f* Durst, 10
seguir (i) folgen, 16 fortfahren, weitermachen, 18
según je nach, 18
segundo domicilio *m* Zweitwohnung, 11
segundo plato *m* Hauptgericht, 7
seguramente sicher(lich), 19
seguro, a sicher, 20
seis y media (a las ...) (um) halb sieben , 6
sello *m* Briefmarke, 2
selva *f* Urwald, 27
semáforo *m* Ampel, 16
semana *f* Woche, 6
semana de trabajo *f* Arbeitswoche, 6
Semana Santa *f* Karwoche, 13
semestre *m* Semester, 3
semicurado mittelalt, 8
senado *m* Senat, 26
señor *m* Herr, 5
señora *f* Frau, Dame, 5
sensato, a vernünftig, 18
sentarse (ie) sich setzen, 17
sentido *m* Sinn, 21
sentir (ie, i) fühlen, leidtun, 20
separar trennen, 16
serenidad *f* Ruhe, Gelassenheit, 23
servicio *m* Dienst, ~leistung, 18
sí ja, doch *(bei Verneinung)*, 1
Sicología *f* Psychologie, 15
siempre immer, 1
siempre pasa igual es ist immer das gleiche, 21
siete (las...) sieben (Uhr), 2
siete menos cuarto (a las...) (um) viertel vor sieben / dreiviertel sieben, 6
siete y cuarto (las...) (um) viertel nach sieben/viertel acht, 6
siga recto (*Imp)* gehen Sie geradeaus, 16
siglo *m* Jahrhundert, 25
significar bedeuten, 18
siguiente folgend, 22
silla *f* Stuhl, 4
simpático, a sympathisch, 16
simpatizante sympathisierend, 21
sin ohne, 3
sin embargo jedoch, 7
sindicato *m* Gewerkschaft, 21
sistema de alarma *m* Alarmanlage, 23
sistemas de información *m/pl* Informatik, 19
sitio *m* Ort, 12
situación *f* Situation, 11
slogan publicitario *m* Werbespruch, 19
sobre auf, über, 3
sobre todo vor allem, besonders, 14
sobrepoblado, a überbevölkert, 27
sobresaliente sehr gut (*span. Benotung*), 19
sobrina *f* Nichte, 5
sobrino *m* Neffe, 5
social gesellschaftlich, 27
sociedad anónima (S.A.) *f* AG (Aktiengesellschaft), 18
Sociología *f* Sozialwissenschaften, 15
sol *m* Sonne, 10
solamente nur, 9
solar *m* Baugrundstück, 20
soleado, a sonnig, 21
soler (ue) + *Inf* gewöhnlich tun, 7
solicitud *f* Bewerbung, 18
solista *m/f* Solist/in 14
sólo nur, 3
solo, a allein, 13
solución *f* Lösung, 21
sombra *f* Schatten, 17
sombrero *m* Hut, 6
son sie sind, 1
soñador verträumt, geistesabwesend, 16
sonar (ue) läuten, 8
soñar (ue) (er)träumen, 17
soñar (ue) con träumen von, 17
sonreír lächeln, 13
sopa castellana *f* Knoblauchsuppe mit Ei, 7
sorpresa *f* Überraschung, 3
sostén *m* Büstenhalter, 6
spot publicitario *m* Werbespot, 19
su sein, ihr *(Sing)*, 3
suave mild, 26
subdesarrollado, a unterentwickelt, 27
subir hinaufgehen/steigen/fahren, 5
sucio, a schmutzig, 4
sudamericano, a südamerikanisch, 27
suegro/a *m/f* Schwiegervater/~mutter, 5
suegros *m/pl* Schwiegereltern, 5
suelo *m* Boden, 27
sueño *m* Traum, 25
suficiente genug, 13
sufrir leiden, 22
Suiza *f* Schweiz 26
superar überschreiten, 21
superior höher, 21
supermercado *m* Supermarkt, 8
sur *m* Süden, 10
sus *(pl)* seine, ihre, 3
suspenso nicht bestanden, ungenügend (*span. Benotung)*, 19

T

tabla de surf *f* Surfbrett, 10
taburete *m* Barhocker, 1
taller *m* Werkstatt, 10
también auch, 2
tampoco auch nicht, 9
tan (+ *Adj/Adv)* so, 6
tantas veces so oft, 12
tanto... como so viel... wie, 6
taquilla *f* Schalter, 11
tarde spät, zu spät, 4
tarjeta *f* Karte, 10
~ de crédito *f* Kreditkarte, 22
~ de embarque *f* Bordkarte, 11

tasca *f* Kneipe, 22
taxi *m* Taxi, 12
taxista *m* Taxifahrer, 12
té *m* Tee, 1
teatro *m* Theater, 2
técnico, a technisch, 11
tejador *m* Dachdecker, 20
tejedor *m* Weber, 20
téle *f* das Fernsehen *(Kurzform)*, 22
teleférico *m* Seilbahn, 14
teléfono *m* Telefon, 8
televisión *f* das Fernsehen, 19
televisor *m* Fernseher, 18
temer (be)fürchten, 18
temperatura *f* Temperatur, 21
temprano, a früh, 6
tenderse (ie) sich ausstrecken, hinlegen, 10
tenedor *m* Gabel, 4
tener haben, 2
tener ganas Lust haben, 19
~ **prisa** es eilig haben, 16
tener que müssen, 2
tener razón Recht haben, 17
~ **sed** Durst haben, 10
~ **suerte** Glück haben, 8
~ **tiempo** Zeit haben, 2
tenis *m* Tennis, 24
teología *f* Theologie, 15
terminal de autobuses *f* Busbahnhof, 11
terminar beenden, zum Schluss kommen, 4 ausgehen, 23
terraza *f* Terrasse, 5
territorio *m* Gebiet, 26
~ **nacional** *m* Staatsgebiet, 26
texto *m* Text, 2
tía *f* Tante, 5
tibio, a lauwarm, 10
tiempo *m* Wetter, Zeit, 2
tiempos coloniales *m/pl* Kolonialzeit, 27
tienda *f* Geschäft, 2
~ **de campaña** *f* Zelt, 24
~ **de muebles** *f* Möbelgeschäft, 16
~ **de ropa** *f* Bekleidungsgeschäft, 16
tiene veinte años er ist 20 Jahre alt, 3
tierra *f* Erde, 25
timbre *m* Türklingel, 8
tío *m* Onkel, 5
típico, a typisch, 9
tipo de interés *m* Zinssatz, 20
título *m* Überschrift, 19
tiza *f* Kreide, 25
toalla *f* Handtuch, 4
tocar berühren, spielen *(Musik)*, 13
todavía noch, 6
todo, a ganz, 6
todos, as alle, 5
toldo (de plástico) *m* Plane *(aus Plastik)*, 22
tolerar dulden, 21
toma *f* Einnahme, Besetzung, 27
tomar nehmen, 1
~ **asiento** Platz nehmen, 1
~ **el sol** sich sonnen, 10
tomate *m* Tomate, 8
tónica *f* Tonicwater, 17
torcer (ue) abbiegen, 16
tormenta *f* Gewitter, 17
torre *f* Turm, 25
tos *f* Husten, 9
toser husten, 9
trabajar (como) arbeiten (als), 8
trabajo *m* Arbeit, 4
tradicional traditionell, 13
traducir übersetzen, 27
traer (her)bringen, 9
traficante de drogas *m* Drogenhändler, 23
tráfico *m* Verkehr, 10
trágico, a tragisch, 27
traje *m* Anzug, 6
tranquilidad *f* Ruhe, 12
tranquilizar beruhigen, 25
tranquilo, a ruhig, 3
transeúnte *m* Fußgänger, 16
transferencia *f* Überweisung, 22
transportes *m/pl* Verkehrswesen, 11
tranvía *f* Straßenbahn, 16
trasero *m* Gesäß, 9
traslado *m* Transport, Fahrt, 23
tratado *m* Vertrag, 27
tratar de versuchen, 16
trazar ziehen, 27
tren (de cercanía) *m* (Nahverkehrs-)Zug, 11
tres drei, 1
trescientos cincuenta dreihundertundfünfzig, 7
trineo *m* Schlitten, 14
tripa *f* Bauch, 9
tú du, 2
tumba *f* Grab, 25
turbulencia *f* Turbulenz, 13
turismo *m* Tourismus, 1
~ **cultural** *m* Kulturtourismus, 25
~ **de aventura** *m* Abenteuertourismus, 25
~ **de sol y playa** *m* Strand-(Bade-) tourismus, 25
~ **religioso** *m* religös motivierter Tourismus, 25
turista *m/f* Tourist/in, 15
turrón *m* typ. Süßigkeit zur Weihnachtszeit, 13

U

ubicado, a gelegen, 27
último, a der, die, das letzte, letzte,-r,-s, 8
único (lo..) das einzige, 15
Unión Europea (UE) *f* Europäische Union (EU), 26
universidad *f* Universität, 1
universidades *f/pl* das Hochschulwesen, 15
uno tras otro einer nach dem anderen, 16
unos, as (+ *Zahl)* etwa, 10
usado, a *(Inf:* **usar**) gebraucht, 7
usar gebrauchen, 10
uso *m* Gebrauch, 24
Usted(es) (Vd. /Vds.) Sie *(Höflichkeitsform, Sing/Pl)*, 1
utlizar verwenden, 18

V

vacaciones *f/pl* Ferien, Urlaub, 14
vaciar (aus)leeren, 16
vacilar zögern, 25
vacío, a leer, 10
vagabundo *m* Landstreicher, 11
vagón *m* Waggon, 11
vajilla *f* Geschirr, 4
vaqueros *m/pl* Jeans, 6
variable veränderlich, 17
variedad *f* Vielfalt, 27
varios, as mehrere, 14
vasco *m* Baske, 21
vasco, a baskisch, 18
vaso *m* Glas, 4
¡vayan! *(Imp)* gehen Sie! 11
Vd., Vds., (Usted, Ustedes) Sie, *(Höflichkeitsform, Sing/ /Pl)*, 1

vecino/a *m/f* Nachbar/in, 24
vehículo *m* Fahrzeug, 21
veinte zwanzig, 3
velero *m* Segelboot, 10
velocidad *f* Gang (Auto), 10 Geschwindigkeit, 13
vencedor *m* Sieger, 24
vendedor *m* Verkäufer, 2
vender verkaufen, 8
venir kommen, 8
ventana *f* Fenster, 5
ver sehen, 5
verano *m* Sommer, 9
verbo *m* Wort, 24
verdad *f* Wahrheit, 15
verdadero, a wahrhaft, 22
verde grün, 6
verdura *f* Gemüse, 24
vertical aufrecht, senkrecht 13
vestido *m* Kleid, 6
vestir(se) (sich) bekleiden, 18
vez (*pl:* veces) *f* Mal, 12
vía *f* Gleis, 11
viajar reisen, 7
viaje organizado *m* organisierte Reise, 7
víctima *f* Opfer (*eines Un- oder Überfalls*), 16
victoria *f* Sieg, 24
vida *f* Leben, 16
~ **matrimonial** *f* Eheleben, 17
viento *m* Wind, 17
viernes *m* der/am Freitag, 6
Viernes Santo *m* Karfreitag, 13
vinagre *m* Essig, 8
vino *m* Wein, 3
~ **español** *m* typ. span. Vesperbrot, 8
~ **tinto** *m* Rotwein, 7
violación *f* Vergewaltigung, 23
virrey *m* Vizekönig, 27
visita *f* Besuch, 5
visitar besichtigen, besuchen 7
vista *f* Aussicht, 12
vivencia *f* Erlebnis, 14
vivir wohnen, leben, 5
vizcaíno, a *Adj zu:* Vizcaya, 21
vocabulario *m* Wortschatz, 24
volante *m* Steuerrad, 10
voleibol *m* Volleyball, 24
volver (ue) zurückkehren, heimgehen, 8
vosotros ihr, 1
voz *(pl:* **voces***)* *f* Stimme, 13
vuelo *m* Flug, 11
vuelo nacional *m* Inlandsflug, 11

Y

y und, 1
y ya está und fertig! geschafft! 11
ya schon, 3
ya no nicht mehr, 12
yerno *m* Schwiegersohn, 5
yo ich, 1
yogur *m* Joghurt, 8

Z

zanahoria *f* Karotte, 8
zapatería *f* Schuhgeschäft, 16
zapatero *m* Schuster, 20
zapatillas *f/pl* Hausschuhe, 6
zapatos *m/pl* Schuhe, 6
zarza *f* Brombeerstrauch, 12
zona *f* Gebiet, 20
zona peatonal *f* Fußgängerzone, 16
zumo *m* Saft, 17